지공·나옹·무학 삼대화상과 함허·보우·인암대선사

활안 한정섭 편저

불교정신문화원

머리말

　작년 재작년부터 몸에 약간 이상이 생기더니 금년에는 병원신세까지 지게 되었다. 음식을 먹으면 배가 약간 꾸무륵하고 열이 조금씩 나는 것 같아 검사를 받아보니, 맹장이 터져 있었다. 맹장이 터지면 복막염이 되어 통증이 매우 심하다고 하는데, 나는 약간 열이 나고 속이 메스꺼울 정도였기 때문에, 병원에 가서도 먹을 것 다 먹고 쉬면서 지공·나옹·무학 3대 화상의 어록을 읽었다.

　그래서 금년에 미처 내지 못한 세계불교 원고를 3일만에 대강 쓰고 나니 같은 시대 배불의 유생들과 수없는 고통을 겪으면서도 오직 실력대결로 불교를 보호하신 함허 득통선사와 허응당 보우선사가 생각났다.

　그리고 같은 병중에서 일기를 쓰신 송광사 인암 큰스님의 시가 생각나 여섯 분의 역사를 간추려 핵심만 정리해 보았다.

눈만 뜨면 신문이고 잡지·TV·라디오·인터넷을 통해 온갖 자료가 마구 쏟아져 포교하기에 좋은 시대인줄은 알면서도 불교포교는 아직도 유치원 단계를 넘어서지 못하고 있다.

인도불교가 이슬람의 침입으로 쇠망일보전에 놓여 있었고, 중국불교가 원나라 명나라 송나라 틈에 끼어 요동치고 있을 때, 한국불교는 신진유생들의 정치활동으로 거의 산속으로 쫓겨 가지 아니하면 아니될 그런 처지에서도 나라와 백성들을 가르치고, 임금님 앞에서 법문을 하며, 신진유생들과 사상논쟁하면서 한국제일 가람 회암사를 건설해낸 이들 성자들의 원력과 불심을 생각하면서 다시한번 발심할 기회를 가졌다.

세계불교는 4×6배판이기 때문에 가지고 다니기도 힘들 것 같아 이번에는 포켓용으로 이 소책자를 만들어 보급하니 만약 읽고 도움이 된 사람이 있다면 병중에서도 쓴 보람이 있을 것으로 생각된다.

불기 2545년 8월15일
활안 정섭 씀

목 차

인도 108대조사
제납박다존자 지공대화상

　지공·나옹·무학 3대화상은 인도·중국·한국 3국에 있어서 특별한 이미지를 부각시켜주는 선지식들이다. 불상이나 불화·탑·점안불사가 이루어질 때는 으레 증명법사로 모시고 특별한 의식을 진행하고 있으며, 고려 이후 조선조에 이르러 이 세 분의 선교학 사상은 한국불교의 지표가 되어 왔다.

　그리하여 그 분들의 탑과 탱화가 모셔져 있는 양주 회암사에서는 매년 음력 3월15일 합동 다례일을 정하여 제사를 지내고, 또 수차례 걸쳐 학술세미나까지 하여 스님들의 공적을 기려 왔다. 뿐만 아니라 중국불교에서도 여러 차례

학술대회를 개최하여 지공스님의 역사적 배경을 살펴왔으므로 금년 세계불교에서는 이 세 분을 중심으로 고려말·조선조 초기에 우리 불교계에 깊이 영향을 주신 함허득통선사와 보우스님을 포함하여 다섯 분의 행적을 간추려 정리코자 한다.

1. 인도에서 중국까지

지공스님은 인도 마가다국 임금님의 셋째 아들로 어머니는 향지국왕의 공주였다. 8세에 나란다사 율현(律賢)스님에게 출가하여 3장을 공부한 뒤 20세에 남인도 보명(普明)존자에게 득도, 의발을 전해 받았다.

율현스님께 반야경을 공부하다가 물었다.

"제불(諸佛)과 중생, 허공의 경계가 어떻습니까?"

"있는 것도 아니고 없는 것도 아니다."

이것은 무상반야(無相般若)를 한 말로 깨달은

것이다.

그리고 그는 스승의 당부에 따라 티벳트를 거쳐 원나라에 왔고 다시 고려에 이르러 나옹·무학의 스승이 되었다.

그가 처음 열아홉 살에 남인도 능가산 길상산에 찾아가니 보명스님이 물었다.

"여기까지 몇 걸음에 왔느냐?"

대답을 하지 못하고 6개월간 좌선한 후에야

"두 다리가 곧 한 걸음입니다"

하니 의발을 받아가지고 나가면서 말했다.

"나아가면 모두가 사라지고 물러서면 만법이 잠깁니다."

지공이 무봉탑(無縫塔)이 있는 곳을 지나 니리국(泥理國)에 이르러 왕과 문답을 하게 되었는데, 한 비구가 물었다.

"거기 계신 스님과 저 사이에 누가 있습니까?"

"할ㅡ"

옆에 있던 비구니가 크게 깨닫고 말했다.
"바늘귀로 코끼리왕이 지나갔네."

가사국에서는 호랑이가 나타나자 시자가 휘파람 소리로 알려 스님이 나무 위에 피했다가 내려오니 사람들이 시자를 크게 상찬하였다. 이에 스님께서
"네가 짐승이 오는 것을 휘파람 소리로 알리는 재주는 있으면서 어찌하여 내 말을 잘 알아듣지 못하느냐?"
하고 30방을 내리치고 그 나라 왕에게는 대장엄공덕보왕경과 마혜수라왕인지품을 보여 주어 외도를 버리고 정법에 귀의하게 하였다.

적리라야국에서는 지공을 묶어 목동을 삼으려 하던 사람들이 큰 눈이 내려 동굴속에서 7일을 지내니 그 밝은 눈빛을 보고 사람들이 공경하고 보시하였으나 보시물을 받지 않았다.

차능타국에서는 미친 승려가 소머리 세 개를

늘어놓고 그 뒤에 방석을 깔고 앉았다가 스님이 소 머리를 불태워 버리니 "산하대지가 한 덩어리가 되었다" 하고 제정신을 찾았다.

도암스님이 아뇩지의 연못가에 작은 암자를 짓고 살면서 손님만 오면 불을 놓아 "불이야 불이야" 외쳤는데, 지공스님이 물병을 걸어차 쓰러뜨리니 "아, 아깝다. 눈 밝은 사람이 오는 것이 왜 이리 더딘고" 하고 맞았다.

말라파국 동쪽에 살고 있던 보화상이 4년을 개간, 농사짓고 살았는데 사람들이 오면 말 한 마디 없이 밭만 갈았다. 스님이 뒤를 따르며 씨를 뿌리니 "채소에 싹이 이제사 비로소 트는구나" 하고 기뻐하였다.

또 그 성 안에 길쌈하는 사람이 있어 베를 짰는데, 스님이 칼로 베를 잘라버리니 "여러 해 걸린 길쌈을 오늘에야 마쳤다" 하였다.

아뇩달국 가마속에서 살고 있던 일성스님이 손님만 오면 얼굴에 깜장칠을 하고 나와 춤을 추다가 들어갔는데, 스님께서 "굴뚝새야 그만 장난하고 나오너라" 하니 나와 예배드렸다.

조파국에 납달이라는 스님이 길가에서 살면서 사람만 보면 "잘 오는구나" 하고, 가는 것을 보면 "잘 가는구나" 하고 외치자 지공스님이 방(棒)으로 세 번 내리쳤다.

촉나라에 이르러 보현보살상에 예배드리고 3년 동안 좌선하다가 진원부 마왕신묘(馬王神廟)를 지나게 되었는데, 사람들이 생물로 그곳에 제물을 바치려 하자 큰 소리로 '할'을 하여 다시는 제를 지내지 않고도 탈이 나지 않았다 한다.

라라허국에서는 법화경 공부하는 사람을 깨우쳐 주고, 향지국에 이르러서는 화엄경 20종 보리심을 설명하는 강사에게 "일즉다 다즉일(一卽多 多卽一)"을 일러주어 깨닫게 하였다.

가릉가국 해안 구봉산에 한 범지가 살면서
"여기서 몸을 던져 죽으면 인천왕(人天王)의
몸을 얻는다"
하자
"수행은 마음에 달린 것이지 몸과 상관이 없다"
하여 6바라밀과 10지를 닦게 하였다.

타라바국에서는 한 비구니가 설법을 듣고 깨
달았고, 미가라국에서는 임금님이 궐 안으로
초청하여 청법하였다.

안서왕부에 이르니 왕사 가제가 임금님과 함
께 찾아뵙고
"나의 도는 인천(人天)의 복락을 초래한다"
하자
"불법의 자비는 생사를 초월한다"
하고, 용천사에 머물며 범어로 반야경을 썼다.

중경로에서 태자가 따라오며 설법을 청하자
다섯 번이나 법문하고, 회서의 관(寬)이 반야의

뜻을 묻자 "반야는 3세심으로 얻을 수 없다"
하였다.

　태정년간에 난수에서 천자를 뵙고 천력년간
에 조서를 내려 천하승려들로 하여금 내정에
모이게 하여 불법을 강술, 천자가 친히 왕림하
여 경청하였다.
　지정황후와 황태자가 연화각으로 선사를 모
셔 청법하자 "임금님과 신하는 백성을 사랑하
고 보호하는 것이 불법이요, 출가사문은 도를
닦고 중생을 교화하는 것이 불법입니다" 하여
다른 생각을 일으키지 않게 하였다.

　단라국에서는 남녀가 발가벗고 살면서 나무
와 돌로 수미산을 만들어 놓고 그 산에 술과
안주를 올리고 그 앞에서 남녀가 교합하는 것
으로써 음양공양을 올렸는데, 스님께서 "이것
은 무지한 사람들에게 일종의 성교육은 될지언
정 사람이 할 짓이 아니다" 하여 옷을 입히고
남녀를 구분하여 법을 가르쳤다. 나라의 임금

님께서 국기(國妓)를 보내 목욕시키고 합장케
하였으나 죽은 사람처럼 태평하게 지내니 보통
사람이 아니라고 공경하였다.

적리라야국에서는 한 여인이 음식을 주지 않
고 감금하며 함께 살기를 원했으나 좋은 말을
골라 타고 도망쳐서 액난을 면했다.

대리국에서는 좋은 음식을 물리치고 호두 아
홉 알로 하루를 지냈고, 안녕국에서는 계를 설
하니 관민이 함께 머리와 팔에 연비를 하였다.

귀주 원수부에서 여러 사람이 수계하자 묘만
·청홍·화죽·타아·갈로 등의 오랑캐들도 와
서 나물을 바치고 수계하였다.

동정호에서 바람이 일자 3귀5계로써 파도를
잠재웠고, 대순승상부인 위씨가 고려인인데 청
하여 수계하였다.

그러나 스님은 천력년간부터서는 승복을 벗고 머리를 따고 하얀 구레나루를 길렀는데 신기가 맑고 깨끗하여 음식과 의복이 매우 사치스러웠으나 평상시 거쳐할 때는 엄연(儼然)하여 보통사람과 달랐다.

그렇기 때문에 지방 사람들은 스님의 모습을 조성해 모시고 기도하여 전염병을 물리치기도 하였다.

어떤 때는 날이 저물어 후미진 돌틈에 누웠는데 부지불식간에 강을 건너 사람들을 놀라게 하였고, 용천사에서 여름 안거를 지낼 때는 식수가 모자라 쩔쩔매자 용에게 물을 길러오게 하여 대중들을 놀라게 하였다.

어떤 사람이 스님의 소상에 걸쳐놓은 선방(禪棒)을 잘못 건드려 떨어뜨렸는데, 아무리 들어 올리려 해도 되지 않자 참회하고 비로소 올려 모실 수 있었다.

천력 이후 10여년간 말도 하지 않고 먹지도
아니했는데 스스로 말하기를
"나는 천자다"
하니, 황후와 신첩들이 몰려왔으나
"그대들은 나의 시녀들이다"
하여 가까이 받아들이지 않자 임금님께서
"그는 법왕이다"
하여 오해를 풀었다. 한 때는 고려 승려들이
거쳐하는 곳에 와서 계시면서 "너희들이 왜 반
란을 일으키느냐?" 하고 사람들이 많이 모인
곳에 이르러서는 "빨리 떠나라" 하였는데, 과연
요동성에서 파발마가 와서 "고려병사가 국경을
침범했다" 하고, 천자가 북방을 순찰할 때 반
란이 일어나 중원의 군사들이 북평부를 세우니
스님의 말씀이 헛되지 않음을 알게 되었다.

2. 고려에 와서

고려에는 1326년(충숙왕 13년) 3월에 와서 성

서 감로사에서 20여일간 있었는데, 사녀(土女)
들이 문전성시를 이루었다.

"생불이 출세하여 오셨다"

하고

"달마대사가 오셨다"

하여 서로 제자의 예로써 맞았다.

30여일 후에는 어향을 받들고 금강산으로 가
서 법기도량으로 가서 신계사·마하연·안양암
등지를 유력하고, 4월 하순 순비(順妃)의 요청
으로 성동 숭수사에 머물렀다. 신계사에 가서
는 백천동(百川洞)을 넘고 대장동을 지냈는데
그래서 지공·대장동(大藏洞)·지공초(指空草)가
생겼고, 금동(金同)의 외도행(外道行)을 울연(鬱
淵)으로 증명하여 사람들을 놀라게 하였다.

문제(門弟)·제산·정납의 요청으로 한 철 입
방을 허락, 서남쪽 시원한 곳에 계장(戒場)을
설치하고 최상무생계법을 설하니 국왕과 종실
·인척·공경대부·사서인 내지 우부우녀들이
모여 하루에 평균 만여명씩이 다녀갔다.

"이 계법은 범부도 없고 성인도 없고 성(性)

도 아니고 상(相)도 아니며, 유도 무도, 몸도 마음도 아니고, 선도 악도 아니다. 그러니 이 계법을 수지하되 짓지도 않고 끊지도 않고 받아들이지도 않고 범하지도 않아서 자재중에 처하면 그것이 곧 해탈을 얻는 것이다. 그러니 옳고 그름을 생각하지 말고 선악·진여·망상도 생각하지 말라. 만약 그 가운데서 대자재를 얻으면 그것이 곧 해탈이니라."

1327년 10월에는 화산으로 가다가 지금 인천(慶原) 서북 5리 건동선사(乾洞禪寺)에 들러 사족 하원서의 불사를 칭찬하고 보림사 반야원에서 합동만호 김윤이 3일만에 지은 반야루에서 반야경을 설법하고 상주에 가서 4불산을 공덕산으로 부르고, 회암사 및 화장사 터를 잡아준 뒤 함남 천불산 개심사를 중건하게 하였다.

"정(定)은 즉(卽)한 것도 아니고 여의는 것도 아니고, 닦고 증득함도 없고 침묵과 언어도 없으며, 움직이고 고요하고 편안함도 시끄러운 것도 없으며, 증득하고 생각하는 일념도 없다.

또한 시간과 공간에도 머물지 않고, 증득한 마음을 가져서도 안되니 이것이 반야 가운데서 얻어지는 선정이다. 그러나 그것은 얻는다고 얻어지는 것이 아니니 그런 생각이 아주 없어져 버리면 그것들을 얻게 될 것"이라고 반야경을 설했다.

1328년 7월에는 연복정(延福亭)에서 계를 설하고, 천제의 명을 받아 원나라로 돌아가 내정 법회를 주관하였다.

"나에게 한 가지 지혜가 있으니 나는 이미 굳어버렸다고 말할 수 있다. 왜냐하면 진짜 공은 공도 아니고 공 아닌 것도 아니고 상도 성도, 유도 무도, 옳고 그름도, 움직이고 고요함도, 깨끗함도 더러움도, 깊고 짧은 것이 없는 까닭이다. 외외당당하여 시방을 비추되 그림자와 빛이 따로 없고, 가볍고 무거운 것이 없기 때문이다."

이렇게 2년 6개월 고려에서 지내는 동안 계

림부 사록 이광순은 지공으로부터 무생계(無生戒)를 받고, 주민들이 성황재(城隍齋)에 고기를 쓰지 않게 되었고, 심지어는 돼지를 사육하지 아니했다 한다.

무생계는 ① 정신사귀의(淨信四歸依 ; 모양없는 부처, 생멸없는 법, 다툼없는 스님, 최상무상계) ② 치제삼업죄(熾除三業罪 ; 본래 청정한 곳에 미혹하여 3업죄를 지은 것) ③ 6대서(사홍서원을 실천하지 않으면 나는 성불하지 않고 일체중생의 3독을 변화시키고 자타일시성불도 하지 아니하면 기필코 나도 성불하지 않겠다) ④ 최상무상계(선악시비에 초월한 무상계)를 실천하는 것이다.

1367년 지공이 입적하자 1370년 1월 지공의 유해가 개경에 도착하였다. 공민왕은 왕륜사에 행차하여 불치와 지공의 두골을 정대, 궁중으로 모시고 72년 9월에는 왕명으로 회암사에 부도탑을 세우고, 78년 이색에게 비문을 짓게 하여 비석을 세웠다.

개성 봉황산 화장사도 1369년 고사지를 확장 중건하고 지공의 소상과 정혜영조탑을 세우고 지공이 전래한 우두전단향과 범협(梵篋)을 모셨다가 1903년 일본 동경박물관으로 옮겨 모셨다.

고려에는 지공스님과 인연있는 절에 탱화를 여러 곳에 모셨는데,
① 1369년(공민왕 18) 1월에 백운이 모신 고산암(孤山庵)에 영정이 있고,
② 금강산 마하연
③ 회암사 영성전(影聖殿 ; 19세기 초)
④ 신륵사엔 부도비와 함께 조사당에 영정이 모셔져 있다.
⑤ 천보산 불암사(양주)
⑥ 통도사 삼성각
⑦ 선암사
⑧ 해인사 경학원
⑨ 금강산 표훈사 백화암

피부가 검고 여위었으며, 팔이 길어 무릎까

지 닿았다. 눈동자는 푸르고 응시하고 깜박이
지 아니하였으므로 마치 세상에 알려진 달마와
같았다. 밤새도록 결가부좌하고 결코 겨드랑이
를 방바닥에 붙이지 않았다. 곡식으로 지은 밥
을 먹지 않고 간혹 과일이나 차를 마셨지만 많
이 먹지 않았다. 남의 마음과 운명을 잘 알아
서 잘잘못을 잘 가려주었기 때문에 세상사람들
이 특히 공경하였다.

지공 스님의 법맥은 인도 중국 사람도 계승
했지만 우리나라 나옹·무학스님이 계승하였다.

나옹스님은 고려 공민왕의 왕사이고, 무학스
님은 이태조의 왕사인데 같은 법을 받았어도
시대에 따라 나옹은 경세적(警世的) 불법을 주
로 행했고, 무학스님은 유불일치관(儒佛一致觀)
으로 연결시켰다.

사람들에게 계를 줄 때에는 수법도(受法圖)·
변상도(變相圖)·경을 쓴 계첩을 주기도 하였다.

중국과 한국 사람들이 경을 가지고 가면 읽
고 잘못된 것을 수정하여 글을 썼는데,

① 정본일체어래대불정백산개총지(正本一
  切如來大佛頂白傘蓋摠持)
② 정본관자재보살여의륜주(正本觀自在菩
  薩如意輪呪)
③ 과정본관자재보살대원만무애대비심대
  다라니(科正本觀自在菩薩大圓滿無碍大悲
  心大陀羅尼)
④ 과정본불정존승다라니계보(科正本佛頂
  尊勝陀羅尼啓潛)
⑤ 과중인도범본심경(科中印度梵本心經)
⑥ 관세음보살시식(觀世音菩薩施食) 등이 그
  것이다.

이외에도 선요록(禪要錄)·문수사리보살무생
계경(文殊舍利菩薩無生戒經)도 있다.

이와 같이 지공스님은 일체의 불법을 계·정
·혜 3학에 나누어 설하면서도 진공무상(眞空
無相)을 바탕으로 一卽多 多卽一의 무진연기를
실천해 가되 보리심을 인(因)으로 하고, 대비심

을 연(緣)으로 하여 방편으로 중생들을 이끌었기 때문에 외도 사법 미신을 타파하면서도 원각진성을 명명적적하게 들어내 보였던 것이다.

남에게 설법하면서도 스스로 원각경 반야경을 사경하고 또 그림까지 그려 세속사람들을 즐겁게 하였으니 이것이 방편이요 대비심이 아니겠는가.

고려국 공민왕사 나옹대화상

1. 친구의 죽음을 보고 출가

스님(1320~1376)은 경북 영덕 출신이다. 나이 20세에 친구가 죽는 것을 보고 공덕산(四佛山) 묘적암 요연(了然)선사를 찾아 출가하였다.

이름은 혜근이고, 법호는 나옹, 마을에서 부르던 이름은 원혜다. 성은 이씨다. 아버지는 서구인데 나라에서 지내는 제사와 잔치에 쓰는 음식을 담당한 벼슬아치였으며, 어머니는 정씨로 영산군(창원) 사람이다. 금빛 송아지가 찾아와 머리를 찌르는 꿈을 꾸고 낳았다 한다.

요연선사가 물었다.

"무엇 때문에 출가하려 하는가?"

“생사고통을 벗어나기 위해서입니다.”

“지금 나에게 묻는 것이 누구인고?”

“—.”

“다른 곳으로 찾아가 물어보라”

하여 24세에는 양주 회암사에 이르러 4년 동안 정진하여 한 소식을 얻은 뒤 이를 점검하기 위하여 중국으로 들어갔다. 강북에서는 원나라를 중심으로 조동종이 빛을 보고 있었고, 강남에서는 송나라를 중심으로 임제종이 성했는데, 마침 인도에서 오신 지공스님이 능가선을 새롭게 드날리고 있었다.

먼저 원나라 서울 연경 법원사에 이르러 지공스님의 반야선을 듣고, 다음에 평산 처림을 만나 법을 받고 공민왕 7년(1358)에 본국으로 돌아왔다. 먼저 왔던 태고 보우나 백운스님 등은 원나라와 연관이 깊었고, 나옹스님은 배원(背元) 2년 후에 돌아왔기 때문에 오히려 송·명과 친절한 처지가 되었다.

한편 국내에서는 태고보우와 신돈과의 사이

가 좋지 못했기 때문에 화엄종의 천희(千熙)가 국사가 되었던 것이다.

나옹은 귀국한 뒤 4년 만에 공민왕을 만나 신광사 주지가 되고, 그 후 홍건적의 난을 치른 뒤 오대산으로 갔다가 51세(1371)에 공부선의 맹주가 되어 국사로서 송광사 주지가 되었다.

그러나 거처를 회암사로 옮긴 것은 새로 일어나고 있던 사대부들의 배불사상이 거세지고 있었기 때문이다. 한참 마음을 걷잡고 호국운동을 하는 사이 공민왕이 서거하자 어찌할 수 없이 영원사로 내려가다가 여주 신륵사에 이르러 열반하셨다. 때는 1376년 5월 보름 아침이었다.

이색(이수광의 아들)이 쓴 비문을 보면, 현릉 20년 경술(950) 9월 10일 임금님께서 스님을 서울 광명사로 오시게 하고 이튿날 5교양종 모든 스님들을 한자리에 모아 놓고 공부선을 치르게 하였는데 환암 혼수가 맨마지막으로 들어와 3구와 3관으로 제1좌를 차지하였다. 이듬해 신해년 공부상서를 회암사로 보내 교서와 왕사의 도장과 법복 발우를 갖추어드리고 "대조계종사 선교도총섭 근수본지 중흥조풍 복국우세 보제존자"라는 호를 내리고 스승으로 삼았다.

대평(臺評)이 복원된 회암사에 밀려오는 사대부들을 보고 임금님께 아뢰어 영원사로 내려가게 했다는 것이다.

소식을 들은 임금님께서는 「선각」이란 시호를 내리고 이색에게 비문을 짓게 하고 권중하에게 쓰게 하여 비를 세우게 하였다.

이제 여러 스님들과의 문답을 간단히 정리해 보면 다음과 같다.

2. 일본승 석옹화상과의 문답

하루는 석옹스님이 승당에 내려와 선상을 치며 말했다.

"여러 스님들은 이 소리를 듣습니까?"

아무도 대답하는 이 없자 스님께서 말씀하였다.

“선불장(選佛場)에 앉아 정신 차려 살펴보라.
보고 듣는 놈이 누군지!”

3. 인도 지공스님을 만나서

“어디서 왔는가?”
“고려서 왔습니다.”
“어떻게 왔는가?”
“신통으로 왔습니다.”
“내게 그 신통을 보여 봐라.”
스님은 말없이 선사 앞에 다가서서 합장하고
섰다.

“무엇 하러 왔는가?”
“뒷사람을 위해서 왔습니다”
하고 다음과 같이 시를 읊었다.

눈앞의 꽃이요
보고 듣는 것 맑고 맑도다.

세계마다 티끌마다
무량수 무량광이로다.

"그래, 인도 28조 중국 72조사가 있지만 나
지공에겐 아무도 없다. 법왕의 몸, 진리의 몸은
뭇 생명의 주인이다."
스님은 3배하고 물러났다.

지공스님이 매화를 보고

꽃잎도 푸르구나.
하늘 땅 사이에서
그 내음 터지는 곳마다
우리님 기뻐하리 —

하고 시를 지으시니 나옹스님이 답했다.

해마다 눈속에서
풍기는 매화 향기
벌 나비 춤을 춰도

살포시 웃고 있네.
하루는 지공스님이 대중스님들께 말했다.
"선(禪)은 안팎이 없는 것이다.
뜰앞에 잣나무를 아는가?"

스님이 대답했다.

"안은 들어가도 없고
밖은 나와도 없으니
땅 끝(土塵) 마다
뜰앞의 잣나무로다."
"선재는 미륵을 뵙고 분명 미륵당에 들어갔
는데?"
"선재는 아직 그 속에 이르지 못했습니다."
"허허, 고려의 종놈이로다."
"이 절 안에 달마가 있는가?"
"없습니다."
"자네 보경사에 가 본 일 있는가?"
"예."
"문수·보현이 있던가?"

“예. 잘 계셨습니다.”
“무어라 하던가?”
“차나 한 잔 마시고 가라 하였습니다.”

어느 날 나옹스님이 시를 지어 올렸다.

이 마음이 어두우면
산은 산이요, 물은 물인데
이 몸 밝아지면
티끌이 세상이요 세상이 티끌일세.”

지공스님이 말했다.
“나는 아침마다 종소리 듣는다네.”

경인년 설날 지공스님이 황제의 아내가 올린
붉은 가사를 입고 방장실에 이르러
“밝구나 법왕이여, 높고 높아 이 나라를 복
되게 하는구나”
하니 나옹스님이
“밝다 해도 맞지 않고 높다 해도 맞지 않습

니다.”

지공스님이 옷자락을 들어올리면서 말했다.

“안팎이 다 붉고나-”

그래서 10년 동안 그 밑에서 판수(判首)를 보았다.

4. 휴휴암 게송

그해 봄 대도를 떠나 통주에서 배를 타고 4월8일 평강부 휴휴암에 이르러 한 철을 나고 떠나려하니 큰스님께서 소매를 잡고 더 머물기를 간청하자 시 한 수를 적어 주었다.

지팡이 휘날리며 찾아온 이곳
일어남도 사라짐도 비워놓고
잠도 자고 밥도 먹고 잘 쉬어갑니다.
머물면 休休가 되지 않으므로
나는 떠나려 합니다.

8월에 절강성 항현 남백산 정자사에 이르니 몽당(蒙堂)스님이 물었다.

"어디서 오셨소?"

"대도에서 왔습니다."

"누구를 만났소."

"인도스님을 만났습니다."

"날마다 뭘 하던가요?"

"날마다 천 자루 칼을 썼습니다."

"천 자루는 그만두고 당신 칼 한 자루나 내 놓아 보시오."

당장 방석을 들고 내려치니 선상에 쓰러지며 외쳤다.

"이 도적놈이 날 죽인다."

얼른 일으키며

"내 칼은 사람을 죽이기도 하고 살리기도 합니다."

평상스님은 크게 웃으며 방장실로 데리고 가 차를 대접하고 설암스님께서 스승 급암에게 전해주신 가사와 불자 하나를 전해주었다.

운문도 꾸짖은 저 회암의 판수
모래알 같은 사람 한 입에 꿀꺽
밝은 스승 다시 만나 한바탕 눈을 뜨면
그 설법 열반 속에서 번개치듯 흐르리—

스님은 평창스님을 떠나 명주(절강성)에 있는
보타낙가산으로 갔다. 관음보살을 뵙고 육왕사
로 돌아오니 오광큰스님이 게송을 읊었다.

버티고 앉아 대낮처럼
두 눈썹사이 번개칼 걸어두고
죽이고 살리기를 마음대로 하네.

스님은 다시 설창 스님을 찾아뵙고 명주에서
무상(운문?)스님과 고목스님을 만났다. 그때 고
목스님이 물었다.
　"그렇게 앉아 어떻게 마음을 씁니까?"
　"쓸 마음이 없다."
　"그러면 누가 그 몸을 끌고 다닙니까?"
　스님이 눈을 치켜뜨니

"그 눈은 부모님께서 나아주신 눈이다. 부모
미생전에는 무엇으로 보았는가?"
"악, 어떤 것이 태어나기 이전인가?"
고목스님이 손을 잡고 말했다.
"그대가 어찌 바다 건너 있겠는가."

임진년 4월 초이틀 스님은 절강성 무주 복룡
산으로 가서 천 명 대중을 거느리고 있는 천암
스님에게 이런 게송을 지어 올렸다.

"말씀은 우레, 침묵은 천둥
누가 여기서 무슨 법회를 본단 말까."

천암스님이 물었다.
"어디서 오는가?"
"정자사에서 옵니다."
"부모미생전의 그대는?"
"오늘이 4월 초이틀입니다."
"눈밝은 사람은 속이기 어렵구나."
천암스님은 입방을 허락하고 한 철을 지낸 뒤

"가섭은 석가모니 부처님께 미소 지었고, 2조 혜가는 초조 달마 앞 눈속에 서 있었다. 6조 혜능은 방아를 찧고, 남악은 기왓장을 갈고, 백장은 마조 소리에 귀가 먹었고, 황벽은 그 소리를 듣고 혀를 내 뺐다. 지혜의 칼을 쓰고 나면 서둘러 갈아두어야 한다."

스님은 바로 천암을 하직하고 나와 송강(상해부근) 땅에 가서 요당스님과 박암스님을 뵙고 법원사로 오니 지공스님이 친히 차를 달여 대접하고 가사 장삼에 범서 인가증까지 써주며 읊었다.

이 차는 밝고 밝은 빛
이 과자는 바르고 바른 쉼
해마다 이 마음 어두워질 수 없나니
이리 보고 저리 보아도 한결같은 그 마음
내 그대에게 밝은 칼 천 자루 준다.

스님께서 답했다.
스님께서 주신 이 차 받아 마시고

이 몸 다시 일어나 3배합니다.
참다운건 언제나 이 소식뿐
예나 지금이나 한결 같습니다.

스님은 이곳에서 한 달 가량 있다가 옛 연나
라 땅을 유행하고 있었는데, 그동안 이 소식이
황제에게 알려져 광제사 주지가 되어 시월보름
날 첫 설법을 하게 되었다.

참 좋구나 돛단배여,
바람타고 바다건너 살같이 가는구나.
이 배는 사람도 배도 만나볼 수 없는
그런 배로다.

하고 불자를 들어 3세제불과 역대조사 그리
고 황제를 치하하였다.
이에 황제는 원사 야선 첩목아를 시켜 금란
가사와 예물을 보냈고, 황태자는 높은 벼슬아
치들과 와서 금란가사와 상아불자를 바치고 법
문을 들었다.

"저 붉은 산과 흐르는 물, 누런 땅이 그대로 부처님 몸인데 빛나는 이 가사를 어디에 입혀야 하나?"

물으니 대사가

"모르겠다"

하자 어깨를 빼내며

"여기다 입혀라"

하였다. 그리고 물었다.

"여러분, 이 가사는 어느 곳으로부터 나왔습니까? 구중궁궐 거룩한 말씀 속에서 나왔습니다"

하고 우순풍조천하태평 황제폐하만세를 빌었다.

그리고 다시 향을 사르고 말했다.

"이 향을 인도 108대조사 지공스님과 평산스님께 바쳐 진리의 젖을 먹여주신 은혜에 감사합니다."

법회를 마치고 다시 지공스님께 물었다.

"어디로 가면 좋겠습니까?"

"이제는 자네 나라로 돌아가 삼산양수처(三山兩水處)에서 불법을 펴게."

그래서 무술년 봄 3월23일 요양(요령성)을 거쳐 고려에 돌아왔다. 오대산에 다녀오니 중국 고담스님이 용문사에 왔다가 편지를 보냈으므로 답장을 썼다.

"하늘에서 불쑥 튀어나온 스님
지금 임제의 가르침이 꺼지려 하는데
한 발 지혜의 칼 번쩍 드시니
끝없는 번뇌 사라집니다."

신축년 겨울 임금님께서 내첨사인 방절에게 스님 타고 오실 말을 보내 서울로 오시니 임금님께서 친히 오셔 예를 올리고 만수가사와 수정불자를 드리고, 공주도 마노불자를 보시하고 황후도 보시를 하고 상찬하였다.

"이름을 듣는 것이 친히 뵙는 것만 못합니다. 오래오래 이곳에 머물러 나라를 복되게 하옵소서."

"온 세상이 해탈세계요,

비로자나 부처입니다.
헤아릴 수 없는 세계가
한 티끌속에 들어있고
한 티끌이 헤아릴 수 없는
세계를 만들었습니다.
그러니 이름과 모양을 벗어나 죽이고
살리는 것을 마음대로 해보십시오.”

결제날이 되어 법좌에 올라 말했다.

“요 임금님의 어지심은 해와 달
탕 임금님이 덕은 하늘과 땅
산승이 향을 집어 향로에 사르는 것은
우리 임금님의 어지심과
덕을 기리고자 한 것입니다.

쇠뇌의 방아쇠는 눈으로 판단해야 하고
화살의 과녁은 손에 달렸습니다.
자신 있습니까?”
한 스님이 나와 동쪽 서쪽으로 걷다가 가운

데 서서 물었다.

"스님은 법전에 앉아 있고, 학인은 여기 섰습니다. 이 경계가 어떻습니까?"

"동쪽으로 가든지 서쪽으로 가든지 마음대로 가게."

"미진수세계를 겨자씨 속에 받아들인다는 뜻이 무엇입니까?"

"참으로 그렇구만."

"어떤 것이 복숭봉(신광사, 산이름) 앞의 경계입니까?"

"신광사 산문은 남쪽으로 터져있네."

"산승은 산으로 들어가 나라와 백성을 위해 축원하겠습니다."

"그렇다면 저도 불법에서 물러나겠습니다."

하는 수 없이 가까운 신하 김중원을 따라 신광사로 갔다.

그 해 동짓날 느닷없이 홍건적이 서울에 쳐들어 와 임금님과 백성들을 모두 서울을 떠났으나 스님은 꿈속에서 화엄신장(토지신)을 뵙고 자리를 지키고 있으니 오히려 홍건적들이 와서 침향을 올리고 떠났다.

계묘년 7월 세 번이나 임금님께 사양하는 글을 올려 신광사 주지를 그만 두려 했으나 들어주지 않자 몰래 구월산 금강암으로 갔다가 또 다시 돌아와 2년 동안 주지를 더하게 되었다.

신광사 주지를 그만 둔 뒤에는 용문·원적산 등을 다니시다가 병오년 봄 금강산 정양암으로 갔다가 정미년 가을 청평사에 머물렀다.

그 해 겨울 중국 보암스님이 지공스님이 맡긴 가사 한 벌과 편지 한 통을 가지고 와 대중법회를 보고 기유년 9월 몸이 편치 않아 오대산 영감암으로 갔다가 이듬해 설날 아침 원나라 사도 달예스님이 지공스님의 영골사리를 모시고 와 회암사에 모시고 광명사로 가 여름안거를 지냈다.

그 해 8월 초3일 대궐안에서 법회를 보고 17일 회암사에 이르렀다가 9월 공부선을 주관하였다.

먼저 입문 3구와 공부 10절을 묻고, 끝으로

3관을 물었으나 한 사람도 제대로 대답하는 사람이 없더니 끝으로 환암 혼수가 체면을 살렸다.

18일 일단 금강사로 갔다가 다시 대궐에서 공양하고, 안장채운 말로 회암사로 모시고 공부상서 장자온에게 고서와 도장, 금란가사 옷과 발우를 드리게 한 뒤 「왕사 대조계종사 선교도총섭 근수본지 중흥조풍 복국우세 보제존자」란 호를 내려 송광사 주지가 되게 하였다.

임자년 가을 지공스님의 말씀을 회상하시고 회암사로 와서 지공스님 탑을 세우고, 계축년 정월 서울 길상산에 노시다가 8월 다시 송광사로 갔다.

그 해 9월 회암사에서 지내는 국재의 법주가 되고, 이어 법당과 요사를 짓고, 임금님께서 돌아가시자 친히 빈소를 지켜 호상하시고, 왕사의 도장을 조정에 보냈으나 새 임금께서도 왕사로 삼으셨으므로 하는 수 없이 도장을 되돌려 받았다.

병진년 봄 절을 고쳐 다 짓고 나서 보름날 낙성을 하였는데, 구름처럼 모인 4부대중을 보

고 대평이 나라에 고해 영원사로 가시다가 신
륵사에서 열반하게 된 것이다.

5. 어록(語錄)의 말씀

어떤 스님들이 물었다.
"그 속에 사는 사람들은 어떻습니까?"
"눈은 옆으로 찢어지고 코는 우뚝이 솟아있
네."
벼슬아치들이 물었다.
"어떤 것이 스님이 하시는 일입니까?"
불자를 세우셨다.
"오랑캐 난리 30년 동안에도 소금 간장이 부
족한 일 없습니다."
"그런 소리 하지 말게. 억만년 임금님의 나
날 속에 복도 끝이 없다네."

한 스님이 나와 물었다.
"어떻게 공부해야 공부를 잘하는 것입니까?"

"옷 입고 밥 먹는 일일세."
"어떤 것이 티끌속에서 밝고 밝은 일입니까?"
불자를 세웠다.
"빛보고 맑음 밝히고 소리 듣고 도를 깨친다 하는데 무엇이 밝힙니까?"
"지금 자네가 묻는 그놈이네. 한 파도가 일어나면 만 파도가 생기는 법이지!"
악! 하고 주장자를 던져버리신 뒤 자리에서 내려왔다.

해제 날 법문하셨다.

"맺고 푸는 것이 본래 없는 것인데
누가 결제 해제를 만들었는가.
누더기 한 벌로 한 세상 사는 스님에겐
여름도 겨울도 없다네."

대궐 안에서는
"부처님의 참 모습은 텅빈 하늘같건만

물속의 달들은 사람 따라 나타나네”
하고
“깊은 산 저 두견은 뜻을 아는지
그 소리 한 소리가 온 산천을 울리네”
하였다.

어느 때 스님께서
“한 생각만 끼어들어도 10만 8천리다”
하고, 섣달그믐에는
“한 밤을 끝으로 묵은해와 새해가 있나니
여러분은 잘 살펴 하십시오”
하였다.

자자날에 어떤 스님이
“어떤 것이 마음입니까?”
하니
“춘추전국시대 노나라 안회가 ‘우러러 볼수
록 더욱 높고 뚫을수록 더욱 단단하며 바라볼
때는 앞에 있더니 어느새 뒤에 있다’ 하였다.”
그리고 조씨영가를 위해서

“얼음이 물이고 물이 얼음인줄 알면
가고 오는데 걱정이 없다네.
영가여, 당당 제 모습을
거울 속에 다 비쳐보시오.
티끌이 어느 곳에 끼어 있는지!”

한 스님이 물었다.
“지난밤 공부선 때 3구 10종의 가닥에 대해
서 말씀해 주십시오.”
“첫 문에 들 때 한 마디, 문을 마주쳤을 때,
문 안의 한 마디가 3구이고, 산은 어찌하여 뫼
뿌리에서 그치고, 물은 어찌해서 개울을 이루
며, 밥은 어찌하여 흰 쌀로 짓는가?”
이것이 3구 3전(轉)이다.

① 어떻게 하면 모양과 경계에서 벗어날 수
   있는가?
② 모양과 경계에서 벗어났으면 어떻게 공부
   를 시작할까?
③ 공부가 시작 되었으면 공부를 익히고

④ 공부가 익었으면 공부마저 비워야 한다.
⑤ 비고 고요하고 맛도 힘도 없이 자기의식
    도 망각한다.
⑥ 기거동작에 공부의 간격이 없어진다.
⑦ 120근 무거운 짐을 벗은 것 같다.
⑧ 인연 따라 풀어간다.
⑨ 삶도 죽음도 벗어난다.
⑩ 가는 곳을 알아야 한다.

"의심덩어리가 풀린 곳에 두 가지 있으니 나아가면 땅이 꺼지고 물러서면 허공이 무너진다. 어떻게 하여야 할 것인가?"

하시고 노래 불렀다.

청산은 나를 보고 말없이 살라하고
창공은 나를 보고 티없이 살라하네.
탐욕도 벗어놓고 성냄도 벗어놓고
물같이 바람같이 살다가 가라하네.

4월 초8일 관욕하는 곳에서

"괴상한 것을 보고도 괴상히 여기지 아니하면 그 괴상이 물러가게 되는데, 아기부처가 외친 '천상천하 유아독존' 때문에 싣달다 태자는 매년 한번씩 그 허물을 벗기고자 목욕하고 있습니다. 아시겠습니까? 때를 씻으세요"

하시고 다시 보름날엔 이런 법문을 하였다.

"보고 듣는 놈이 누구인가? 만일 이 도리를 안다면 주장자 머리를 꿰매고 포대아가리가 묶여지고, 서까래 세 개 밑 한 발 남짓한 단판에 앉아 얽매인 생활에서 벗어나게 될 것입니다. 가시돋힌 밤송이를 한번 꾹 삼켰으면 그 뒤의 일은 어떻게 해야 할 것인지 여러분이 알아서 하십시오. 밤송이 주인에서 벗어나면 가나오나 속시원해 기쁨이 충만할 것입니다."

달마대사 상을 점안할 때는
"마음을 눈앞에 들여 보여

누구나 제마음 깨닫게 하신 이,
오랑캐 가운데 오랑캐여,
언제나 줄줄만 알고 뺏을 줄을 모르니
세상엔 이때부터 눈병이 나돌아
헛것이 허공에서 눈송이처럼 떨어졌습니다.
아득한 달마여, 눈을 뜨십시오.
푸른 눈동자 하늘속에 사무칩니다.”

다시 해제 때

“이쪽도 놓아버리고 저쪽도 털어버리고
가운데도 머물지 않으면
빈손에 호미들고 가다가 물소도 타지
사람들은 일없이 다리 위를 지나는데
흐르는 건 다리이고 물은 흐르지 않네. 악!”

하시고 임금님 빈소에 들려
“안도 밖도 없는 것이
한 생각도 일지 않으면
참 모습이 활짝 솟구치니

방편의 숲 벗어나리-"

하였다. 부처님 성도 때 한 스님이 물었다.
"오늘은 부처님께서 성도하신 날입니다."
"그래 우리 집안에 한 물건 있는데 위로 보
아도 머리가 없고 밑으로 보아도 머리가 없다.
밝기는 해와 같고, 어두울 때는 칠통 같은데,
이 세계가 생기기 이전에도 있었고, 산과 강이
다 없어진 뒤에도 있었으니 이것이 무엇인가?"

임금님 스승이 되어서는

"말과 글은 한계가 있다. 말에 걸리면 말 때
문에 죽고, 글에 걸리면 속이 캄캄해진다. 그렇
다고 멍청이 앉아 있으면 물속에 잠긴 돌멩이,
그러므로 조사 스님들이 몸 돌릴 곳이 없고,
입 열 곳이 없다 하였으니, 쇠북을 뚫고 번갯
불을 잡는 마음으로 공부하라."

하고, 병진년 4월 8일 결제 법문에서는

"우리 집안의 일은 신기한 것도 없고 특별한 것도 없으니, 머리도 꼬리도 없는 놈을 장차 이곳에 내놓으면 내가 마땅히 점검해 주리라. 깊은 숲속에 들어가 잘 생각해 보라.

일주스님은 크게 믿는 마음을 내고 부서지지 않는 뜻을 세워야 하고, 장경각 속의 광수좌는 포대속에 한 물건을 찾아내야 할 것이며, 각성 당은 쓸데없는 말 함부로 하고 돌아다니지 말고, 운스님은 간병을 잘해야 할 것이다. 시자 지득아 알았느냐. 귀한 인연 버리지 말고 끝까지 추중해서 찾아야 할 것이다. 참선하는 사람은 깨달음으로써 법칙을 삼아야 할 것이니, 지호스님은 한 생각 속에서 생사를 간추려야 할 것이다. 양 무제가 '내 앞에 있는 것이 무엇인가?' 하였을 때 '나도 모릅니다' 했는데 '그 나도 모른다 한 놈이 누구인지 깨달아야 한다. 대신들께서는 지금 이 3계 가운데 어느 곳에 살고 있습니까. 공부를 점검하여 주인없는 물건 사고 파는데 신경 쓰지 마십시오. 내 집의 주인에게는 본래 계약서가 없습니다.

맑고 고요하다.
텅 비고 확 트였다.
아름다운 공덕마저 털어버리고
고요한 빛속에 번쩍거리는 것이 무엇인가.”

이것이 나옹스님의 어록에 나타난 법문이다.

공덕산에 있을 때는 누님과 함께 있었는데, 오빠만 믿고 공부하지 않자 저녁밥을 주지 않아 “아미타불재하방(阿彌陀佛在何方) 착득심두절막망(着得心頭切莫忘) 염도염궁무념처(念到念窮無念處) 육문상방자금광(六門常放紫金光)”이란 시를 남겼다.

나옹스님은 이와같이 시를 잘 지었다.
특히 산과 꽃, 칼 같은 것을 선심(禪心)에 비유하여 많이 썼는데, 제자들의 이름을 지어줄 때 제호송(題號頌)도 특이했다.

여기 보산 스님과 고경의 이름을 지어주면서
지어준 시 두 수를 마지막으로 소개한다.

「보산(寶山)」

囊中貴物價重重　　四節峰巒滿大空
낭 중 귀 물 가 중 중　　사 절 봉 만 만 대 공

奪夜寒光無遠近　　元來領上路難通
탈 야 한 광 무 원 근　　원 래 령 상 로 난 통

주머니 속의 귀한 물건, 그 값이 한없는데
묏부리들은 사철 허공에 가득하고
밤을 빼앗은 찬 달빛은 멀고 가까움 없으나
그 꼭대기에는 원래 길을 내기 어렵다.

「고경(古鏡)」

劫劫來來體自堅
겁 겁 래 래 체 자 견

寒光遠照地天先
한 광 원 조 지 천 선

非長非短無前後
비 장 비 단 무 전 후

打破歸來玄又玄
타 파 귀 래 현 우 현

과거부터 지금까지 자체가 본래 견고하고
찬빛은 멀리 천지 이전을 비추네.
길지도 짧지도 않고 또 앞뒤도 없으니
쳐부수고 돌아오매 오묘하고 오묘하다.

조선국 태조왕사 무학대화상

무학대사(1327~1405)는 여말선초 소용돌이치는 정치적 혼란기를 한 몸으로 받아 막으면서 조선개국과 한양정도의 공로자로 이태조의 왕사가 되신 분이다.

그는 신승·이승(異僧)·권승·요승의 별명과 감여가(堪與家)·지사(地師)·도편수·점술가·예언가에 이르기까지 수십 가지 이름으로 불리어 삼척동자도 그의 이름을 모르는 사람이 없을 정도로 유명하였다.

부친은 증문정문하시랑 인일(仁一)이고, 어머니는 채씨(蔡氏)다. 무학스님의 자료는 크게 두 가지로 나눌 수 있다.

하나는 조선왕조실록에 나오는 정사(正事)이

고, 하나는 지봉유설·연려실기술·오산 설림·순오지·죽창한화 같은 당시 유명한 사대부들의 기록이다.

1. 정사일지(正史日誌)

① 자초(自超)를 봉하여 왕사로 삼았다. (태조 원년 10월 9일)

② 시좌궁(時坐宮)으로 돌아와 중 200명을 궁중에서 공양하고, 왕사 자초를 청하여 선(禪)을 설법하게 하였는데, 현비(신덕왕후 康氏)가 뒤에서 발을 드리우고 이를 들었다. 자초가 능히 종지를 해설하지 못하니 중들 가운데 탄식하는 사람이 있었다. (원년 10월 12일)

③ 회암사를 지나면서 왕사 자초를 청하여 같이 갔다. (2년 1월 21일)

④ 오마가 새 도읍의 중심인 높은 언덕에 올라가서 지세를 두루 관람하고 왕사 자초에게 물으니, 자초는 대답하였다.

"능히 알 수 없습니다." (2년 2월 11일)

⑤ 연복사의 5층탑이 이루어졌으므로 문수법회를 베풀게 하고, 임금이 친히 거동하여 자초의 선법 강설을 들었다. (2년 3월 28일)

⑥ 심원사에 화재가 일어났으니 왕사 자초가 겸주(兼住)하는 곳이었다. 회암사에 역질이 발생하였다. (2년 3월 29일)

⑦ 왕사 자초를 대궐 안에서 접대하고 채색 비단을 내려주었다. (2년 4월 6일)

⑧ 내시별감 한계보(韓季輔)를 보내어 왕사 자초에게 청하였다.

"이미 왕사가 되었으니 깊은 산림 속에 있어서는 안되니 속히 서울로 오시오."(2년 7월 2일)

⑨ 왕사 자초가 이르니 광명사에 거처하게 하였다. 처음에 자초가 회암사에 있었는데, 금년 봄에 이르러 회암사에 역질이 발생했으므로, 자초가 연복사의 문수법회에 왔다가 법회가 파하고 난 뒤에 회암사로 돌아가지 않고 곡주의 불국장으로 가서 거처하였다. 여름에 회암사에서 역질이 크게 성하니 중들이 많이 죽

었다. 이때 와서 자초를 맞이하여 광명사에 있게 한 것인데, 성중의 남녀들이 법을 강설하기를 청하는 사람이 날마다 백 명이나 되었다. (2년 7월 19일)

⑩ 임금이 광명사에 거동하여 왕사 자초를 보고, 드디어 소격전(昭格殿)으로 거동하였다. (2년 8월 11일)

⑪ 임금의 탄생일이므로 문하부(門下府)와 각 도의 관찰사·절제사들이 전문(箋文)을 올려 하례하였다. 이죄(二罪) 이하의 죄수를 사면하고, 중 1천 5백명을 광명사에서 공양하였다. (2년 10월 11일)

⑫ 연복사에서 중을 공양하고 대장경을 펼쳐 읽게 했는데 왕사 자초에게 강설을 주관하게 하였다. 이보다 먼저 5층탑을 건축하여 대장경을 간수하게 하였는데, 이때 와서 이를 낙성하였다. (2년 10월 17일)

⑬ 임금이 왕사 자초를 청하여 재를 베풀게 하고 주견(紬絹)을 드렸다. (2년 10월 27일)

⑭ 임금이 연복사에 거동하여 문수법회를 구

경하였다. 왕사 자초가 죄수를 사면하기를 청하니, 그대로 따랐다. (3년 2월 17일)

⑮ 왕사 자초를 내전(內殿)에서 공양하였다. (3년 2월 20일)

⑯ 삼기현사(三岐縣司)를 승격시켜 감무로 삼았으니, 왕사 자초의 본향이기 때문이었다. (3년 3월 14일)

⑰ 임금이 왕사 자초를 장막 안으로 불러들여 밥을 먹이었다. 처음에 임금이 여기 와서 터를 잡으려고 할 때 먼저 사람을 보내서 맞아 온 것이다. (3년 8월 12일)

⑱ 임금이 <남경의> 옛 궁궐터에 집터를 살피었는데, 산세를 관망하다가 윤신달 등에게 물었다.

"여기가 어떠냐?"

대답하였다.

"우리나라 경내에서는 송경이 제일 좋고 여기가 다음 가나, 한 되는 바는 건방(乾方)이 낮아서 물과 샘물이 마른 것뿐입니다."

임금이 기뻐하면서 말하였다.

"송경인들 어찌 부족한 점이 없겠는가. 이제 이곳의 형세를 보니, 왕도가 될 만한 곳이다. 더욱이 조운하는 배가 통하고 <사방의> 잇수도 고르니, 백성들에게도 편리할 것이다."

임금이 또 왕사 자초에게 물었다.

"어떠냐?"

자초가 대답하였다.

"여기는 사면이 높고 수려하며 중앙이 평평하니 성을 쌓아 도읍을 정할만 합니다. 그러나 여러 사람의 의견을 따라서 결정하소서."

임금이 여러 재상들에게 분부하여 의논하게 하니, 모두 말하였다.

"꼭 도읍을 옮기려면 이곳이 좋습니다."

하륜이 홀로 말하였다.

"산세는 비록 볼만한 것 같으나, 지리의 술법으로 말하면 좋지 못합니다."

임금이 여러 사람의 말로써 한양을 도읍으로 결정하였다. (3년 8월 13일)

⑲ 회암사에 쌀·콩 1백 70석과 오승포(五升布) 2백필을 내려 주었으니, 왕사 자초가 능엄

회를 베풀기 때문이다. (4년 4월 17일)

⑳ 내신을 회암사에 보내어 왕사에게 문안드리게 하고, 인하여 저포(苧布)·마포(麻布)를 하사하였다. (4년 7월 16일)

㉑ 왕사인 자초가 병드니, 전의감 양홍원(楊弘遠)을 보내어 치료하게 하였는데, 병이 나으므로 홍원에게 내구마 1필을 하사하였다. (4년 7월 20일)

㉒ 회암사에 거동하여 왕사 자초를 보고 풍천(楓川)에 머물러 도승지 이문화를 불러 말하였다. (7년 2월 30일)

㉓ 왕사 자초가 회암사를 하직하고 용문사로 가기를 청하였으나 윤허하지 않았다. (7년 3월 29일)

㉔ 태상왕이 왕사 자초의 계를 받아 육선(肉饍)을 들지 아니하여 날로 파리하고 야위어졌다고 하였다. (태종 2년 8월 2일)

2. 야사일지(野史日誌)

① 환조의 장사 때, 태조가 좋은 자리를 얻지 못하던 차였다. 길가에 스승과 제자 두 중이 쉬면서 좋은 묘 자리에 대해서 이야기했다. 태조의 종이 그 말을 엿듣고 보고하자 그 중을 모셔다가 치성을 드려 마땅한 장지(葬地)를 얻었다. 두 중은 나옹과 무학이다. (『오산설림』, 『연려실기술』)

② 무학이 안변(安邊)의 설봉산(雪峰山) 아래 토굴에서 살았는데, 태조가 찾아가 해몽을 부탁했다. 파옥(破屋)에 들어가서 서까래 셋을 지고 나오는 꿈의 뜻을 물은 것이었다. 무학은 임금 될 꿈임을 일러주었다. 또 꽃이 떨어지고 거울이 떨어지는 꿈을 물으니 열매가 생기고 큰 소리가 날 징조라고 했다. 태조는 그 땅에 절을 창건하고 '석왕사(釋王寺)'라고 했다. (『지봉유설』, 『연려실기술』)

③ 태조가 안변에 있을 때, 여러 집의 닭이 일시에 울고 파옥에 들어가서 서까래 셋을 지

는 꿈을 꾸었다. 한 노파에게 물으니 토굴 속의 신승(神僧)에게 물으라고 했다. 그 중은 닭의 울음소리를 고귀위(高貴位)로 풀면서 임금될 꿈임을 일러주었다. (『순오지』, 『연려실기술』)

④ 태조가 수소문하여 무학을 찾았다. 경기·해서·관서 세 방백이 그를 찾아 나섰다가 곡산에 이르러 소나무 가지에 각각의 도장을 걸어두고 암자에 이르러 중에게 왜 이곳에 있냐고 물었다. 그러자 중은 '삼인봉(三印峰)' 때문이라고 답했다. 사람들은 그가 무학인 것을 알고 태조에게 모셔갔다. 태조는 도읍 자리를 알아보아 달라고 부탁했고 정도전과 의견대립을 보이게 된다. 무학은 내 말에 따르지 않으면 5세를 지나지 못해 왕위찬탈의 화가 있겠고 2백년만에 전국이 판탕(板蕩)되는 난리가 올 것이라고 예견했다. (『오산설림』, 『연려실기술』)

⑤ 태조가 함흥에 머물 때 태종은 무학대사를 보내서 태조의 마음을 돌리려 했다. 무학은

방원이 죄가 있지만 아들은 하나뿐이니 이마져 끊어서는 안된다고 설득하여 마음을 돌렸다. (『오산설림』, 『연려실기술』)

⑥ 태조가 죽은 후에 묻힐 자리를 무학에게 물으니 무학이 자리를 알려주었다. (『오산설림』, 『연려실기술』)

⑦ 이곡(李穀)의 어머니 묘소가 한산에 있는데 무학이 본 명당자리이다. 어떤 사람이 발복할 목적으로 그 묘 곁을 파고 제 아비 장사를 지냈는데 향로가 하늘로 치솟고 솔개가 붓을 물어가는 괴변이 났을뿐더러 3년 안에 형제들이 계속 죽고 자손들이 거의 없어지는 괴변이 일어났다. (『죽창한화』)

정사(正事)는 왕사로서 공식적인 행사와 설법 등을 기록한 것이고, 둘째는 왕의 특별한 대우를 강조했으며, 셋째는 스님의 뛰어난 지혜에 의해서 왕의 자문에 응했다던지, 정무에 관여한 일들이 대부분이다.

이러한 역사적 기록은 매우 포괄적이면서도 구체적이기 때문에 일반적으로 이해하기 어려운 점이 많았다. 그래서 무학대사의 역사는 대부분이 설화적으로 꾸며졌는데, 탄생 때에 대한 이야기는 고려 태조의 왕사인 도선국사의 탄생설과 유사하다.

어머니가 개울에 흘러오는 오이를 주워 먹고 낳았다던지, 아기를 길거리에 버렸더니 학들이 에워싸고 젖을 먹여 길렀다든지, 하는 이야기는 태어날 때부터 보통사람과 다른점이 있었다는 것을 강조한 이야기다.

그리고 이태조의 꿈을 해석한 이야기라던지, 함흥에 가서 태조의 마음을 돌려 회룡사라는 이름이 생기기까지 생긴 것은 해몽·풍수·친분을 은유한 것으로 이 세상 천하제일의 임금님과 좋은 친구가 될 수 있었다는 것을 증명하는 것이다.

그러나 이와 같은 상왕과의 친밀한 관계는 왕세자들과 연관을 가지고 있는 유림들의 시기질투를 사서 배불정책의 제일 근본대상으로 배

척을 받게 되었다.

회암사는 고려 중엽 원경국사·원명국사 등
이 1306년 이전 머물렀다 한 것으로 보아 오래
전에 지어졌던 것 같다. 중국 임제종 양기파
철상소경 스님도 고려에 와 이 절에 와 머물렀
기 때문에 세상에 널리 알려지므로 고려의 태
고 보우국사 나옹스님도 이 절에 와서 출가하
였고, 중국 유학을 마치고 돌아온 요연선사와
인도스님 지공스님도 그 절에 머물렀던 기록이
남아있다.

특히 지공스님은 인도의 나란타사지와 같다
고 하여 삼산양수기지에 절을 세우라 하고, 그
유언장과 가사 불자 범서 유해를 보내와 나라
에서 대작불사를 일으켰으나 결국 반조각 불사
에 그치고 장차 무학스님에 의해 삼화상도량으
로 완성된다.

그러나 신진 유생들의 지나친 공격으로 라옹
이 살해되고 무학도 여주 신륵사에 이르러 열
반하게 되니 그 나머지 일들은 제자 보우 등에

의하여 계승되다가 위법망구의 정신으로 회향
하고 만다.

무학스님의 시(詩)

蒼髥丈夫像　　赤甲將軍身
창 염 장 부 상　　적 갑 장 군 신

月得新照處　　風失古行道
월 득 신 조 처　　풍 실 고 행 도

푸른 수염은 대장부의 상이고
붉은 갑옷은 장군의 몸
달은 새로 비출 곳을 얻었고
바람은 옛길을 잃었다.

이 글은 스님 여섯 살 때 서당 선생님 앞에
서 지은 시다. 15세 때 「면(眠)」 자를 운으로

柳塘水暖魚爭戲　　松逕風微鶴倦眠
유 당 수 난 어 쟁 희　　송 경 풍 미 학 권 면

버들 문에 물이 더우니
고기가 다투어 희롱하고
소나무 끝에 바람이 부니
학이 게을리 졸고 있다.

시를 지으니 애련이란 여학생이

日暖桃花爭歸笑　　煙昏楊柳未醒眠
일 난 도 화 쟁 귀 소　　연 혼 양 류 미 성 면

날씨가 더우니
복숭아꽃이 다투어 웃음을 머금고
연기가 자욱하니
버드나무가 잠에서 깨어나지 못한다.

시를 지어 박수갈채를 받은 일도 있다.
출가 후 묘향산 금강굴에서 정진하다가

昭昭此靈物　　分明在眼前
소 소 차 영 물　　분 명 재 안 전

靜夜日輪月　　淸光邊大千
정 야 일 륜 월　　청 광 변 대 천

밝고 밝은 저 영물이
분명히 눈앞에 있구나.
고요한 밤 둥근달이
삼천대천세계를 비친다.

하는 시를 지었는데,
그 뒤 분명히 한 생각이 터졌다.

靑山綠水我眞面　　明月淸風誰主人
청 산 녹 수 아 진 면　　명 월 청 풍 수 주 인

其謂本來無一物　　塵塵刹刹法王身
기 위 본 래 무 일 물　　진 진 찰 찰 법 왕 신

푸른 산 푸른 물이 나의 참 모습인데
밝은 달 맑은 바람은 누구의 주인인가.
본래 한 물건도 없다고 말하지 말라.
온 세계 티끌마다 부처님 몸이다.

指空千劒平山喝　　選擇工夫對御前
지 공 천 검 평 산 할　　선 택 공 부 대 어 전

最後神光遺舍利　　三韓祖室萬年傳
최 후 신 광 유 사 리　　삼 한 조 실 만 년 전

지공스님의 천 개의 칼과 평산스님의 할이여!
공부를 선택하는데 임금앞에 섰도다.
최후의 신령한 빛으로 사리를 남겼으니
삼한의 조실로써 만년을 전해가리라.

이 글은 지공·나옹 두 스님의 사리를 회암
사에 모시고 다시 영정을 송도 광명사에 모신
뒤 스스로 그 영정에 찬을 지어 쓴 것이다.

함허득통(涵虛得通) 선사

1. 현정론(顯正論)의 말씀

스님(1376~1433)은 고려 우왕 2년에 태어나 세종 15년 신흥 사대부들의 배불논의가 한창이던 세종 15년에 입멸한다.

일찍이 성균관에 들어가 신유학을 공부하고 20세에 출가 태조 4년(1396) 현정론(顯正論)을 저술하여 유생들의 배불사상에 맞서 원융적인 호불사상을 전개하였다.

유생들은 출가 자체를 불효 불충으로 낙인찍고 불살생과 불음주 소식 위주의 불교를 역시 불효 비례(非禮)의 종교로 받아들였다. 그리고 영혼불멸과 인과응보를 무시하고 불교는 오랑

캐의 나라에서 만들어진 종교이므로 불교에는
도가 없고 오히려 믿으면 재앙을 일으킨다 선
전했으며, 승려는 무위도식하여 세상에 도움
되는 것이 아니고 불경 또한 너무 어려워 힘만
들이지 효용성이 없다고 주장하였다.
　이에 스님은 현정론을 지어 불교존재의 당위
성을 체계있게 정리하여 그들을 설득시키고 세
상을 깨우쳤다.

『저 삼승(三乘)이나 오승(五乘)은 모두 정(情)
을 다스리기 위한 것이다. 인천승(人天乘)은 더
러운 때를 다스리고, 삼승(三乘)은 깨끗한 때를
다스린다. 더럽고 깨끗한 때가 다한 뒤에야 비
로소 대각(大覺)의 경지에 친히 나아갈 수 있
다. 5계는 인간으로 나게 하는 것이며, 10선은
천상에 나게 하는 것이다. 4제(諦)와 인연(因緣)
의 가르침은 이승(二乘)을 이루게 하는 것이다.
6바라밀은 보살을 이루게 하는 것이다. 3장의
요체를 살펴보건대 다만 사람들로 하여금 정
(情)을 없애고 성(性)을 드러내게 하려는 것일

따름이다. 정(情)이 성(性)에서 생겨나는 것은
마치 구름이 먼 허공에서 일어나는 것과 같다.
정을 없애고 성을 드러내는 것은 구름을 열어
큰 맑음을 나타내는 것과 같다. 정에는 얇은
것도 있고 두터운 것도 있다. 마치 구름에 옅
은 것도 있고 짙은 것도 있는 것과 같다. 구름
에 옅고 짙은 차이는 있으나 하늘빛을 가리는
것은 매 한가지다. 정에 두텁고 얕은 차이는
있으나 성의 밝음을 막는 것은 같다. 구름이
일어나면 해와 달이 빛을 거두어들여 세상이
어두워지며, 구름이 개이면 빛이 세계를 덮어
우주가 분명하다. 불교를 이에 비해보자면 맑
은 바람이 뜬구름을 걷어내는 것과 같다. 보는
바가 분명하기를 바라면서 맑은 바람을 싫어한
다면 이는 미혹된 것이다. 자타가 모두 맑고
태평하기를 바라면서 우리 道(佛敎)를 싫어한다
면 잘못된 것이다.

만일 사람마다 이것(불교)에 의거하여 이를
닦게 한다면 마음이 바르게 될 수 있고, 몸이

닦일 수 있으며, 집안을 다스릴 수 있고, 나라를 다스릴 수 있으며, 천하를 태평하게 할 수 있다. 근기가 날카로운 이는 보살이 될 수 있고, 성문이 될 수 있으며, 연각도 될 수 있고, 근기가 낮은 이는 천상에 태어날 수 있고, 착한 사람이 될 수 있다. 진실로 이와 같으면서도 세상이 다스려지지 않는 경우는 없다.

왜 그러한가. 죄의 과보를 싫어한다면 마땅히 여러 악을 끊을 것이니, 비록 모든 악을 다 끊어 없애지는 못할지라도 하나의 악을 충분히 없앨 수 있다. 하나의 악이 사라지면 하나의 형벌이 그칠 것이며, 하나의 형벌이 집안에서 그치면 만 가지 형벌이 나라에서 그칠 것이다.

복의 인연을 좋아한다면 마땅히 여러 선을 닦을 것이니, 모든 선을 다 닦지는 못할 지라도 하나의 선은 충분히 행할 수 있다. 하나의 선을 행하면 하나의 경사를 얻게 된다. 하나의 경사가 집안에서 일어나면 만 가지 경사가 나라에서 일어날 것이다. 저 5계와 10선은 가르침 가운데서도 가장 낮은 수준의 것으로서 본래 근기가 가장 낮은 이를 위하여 시설한 것이다. 그러나 진실로 이를 행하면 자신에게 성실하게 되고 남에게 이익을 준다.

그러나 유교에서 사람을 가르치는 바는 덕행으로 하지 않으면 정형(政刑)으로 한다. 그러므로 '정(政)으로로써 이끌고 형(刑)으로써 다스리면 백성들은 면하고자 하기만 할뿐 부끄러움을 모른다. 덕으로써 이끌고 예로써 다스리면 백성들은 부끄러움도 있게 되고 올바르게 된다'고 말한다. 저 덕으로써 이끌고 예로써 다스리는 것은 성인이 아니면 할 수 없다. 그러므로 '침묵하되 이루고 말하지 않아도 믿음이 있게 되는 것은 덕행에 달려 있다'고 말한다. 정(政)으로써 이끌고 형(刑)으로써 다스리면 상과 벌이 있게 되는 것을 면할 수 없다.

그러므로 '상과 벌은 나라의 대병(大柄)이다'라고 말한다. '침묵하되 이루고 말하지 않아도 믿음이 있는 것'은 진실로 우리 부처님의 교화이다. 그런데 겸하여 인과로써 보여준다. 상벌로써 보여주면 혹 다만 이종(而從)에 지나지 않을 따름이지만 인과로써 보여줄 경우 복종하면 곧 심복(心腹)하는 것이다.』

첫째, 오랑캐의 나라에는 도가 없다고 하는데, 이것은 중화의식(中華意識)에 의해 잘못 생긴 것이고, 도라는 것은 시간과 공간에 제한이 없다. 태양이 뜨는 것을 동이라 하고 지는 것을 서라 하며, 쪽 비치고 덜 비치는 것을 따라 남북이 생겼다. 지구 전체를 본다면 자기가 선 곳이 곧 중앙이 되기 때문에 중국 이외의 다른 나라는 오랑캐의 나라로 보는 것은 맞지 않다. 만일 그렇다면 중국식으로 볼 때 순(舜)임금은 동위 출신이고, 문왕(文王)은 서위 출신이니 공자 72인의 역사속에 들어있는 위족은 모두 오랑캐라 해야 할 것 아닌가. 그러므로 태어난 곳은 현상적인 것이고 행하는 것이 도인줄 알아야 한다.

둘째, 불경이 어렵기 때문에 효용성이 없다 한다면 한문은 어렵지 않고 외국말은 쉬운가.

모르는 것은 다 어렵지만 옛사람들은 다 배워서 어려운 것을 익혀 나갔다. 세상사람들이 응용하는 것은 허공과 같이 넓고 깊고 그윽한 적멸의 도가 아니라 의식주를 해결하기 위해서 익힌 지식 속에서 오르내리는 계산에 불과하다. 그러나 참된 도는 글속에만 있는 것이 아니다.

책이란 도(道)를 싣는 도구이며 널리 교화하는 방편이다. 그 책을 보면 그 도가 따를 만한 것인가 따를 만하지 못한 것인가를 알 수 있으며, 그 예가 사모할 만한 것인가 사모할 만하지 않는가를 알 수 있다. 그런즉 어찌 내가 익힌 바가 아니라고 해서 버릴 수 있겠는가.

셋째, 인과응보와 윤회지도에 있어서도 마찬가지다.

사람이 태어나는 것은 음기(陰氣)가 질(質)을 주고 양기(陽氣)가 기(氣)를 주매, 음과 양이 짝하여 혼백이 되어 형체가 생겨난다. 죽음에 이르러서는 혼은 올라가고 백은 떨어져 다하게 된다. 사람에게 지각(知覺)이 있는 것은 그 마음 때문인데, 마음이란 혼백이 합하여 한 몸의 주인이 된 것이다. 죽음에 이르러서는 기와 함께 다 흩어져버리니, 여전히 명막(冥漠)한 가운데 남아 있는 형체나 귀신이 없다. 그러니 다시 누가 복을 받고 재앙을 받겠는가. 이제 불교도들은 천당으로 기쁘게 하고, 지옥으로 두렵게 하여 사람들로 하여금 미혹되게 하고 있다 하나, 하늘은 푸르고 푸르며 거기에 있는 것은 해·달·별들 뿐이요, 땅은 흙과 돌로서 거기에 실린 것은 사람과 만물일 따름이다. 그런데도 없어지지 않는 것이 있어서 천당과 지옥을 경험한다고 말하니 어찌 망녕된 것이 아니겠는가.

음양은 진실로 사람이 의지하여 태어나게 하는 것이라면 음양이 합하여 삶을 받고 음양이 흩어지면 죽게 된다. 하지만 본디 있는 진명(眞明)의 경우는 형체에 따라 생겨나지도 않고 형체를 따라 사라지지도 않는다. 비록 천 번 변화하고 만 번 바뀔지라도 심연히 독존한다. 마음에는 두 가지가 있는데 견실심(堅實心)과 육단심(肉團心)이다. 육단심은 혼백이 정미한 것이며, 견실심은 진명을 말하는 것이다. 지금 말하는 마음이란 진명을 말하는 것이지 육단심을 말하는 것이 아니다. 마음이란 몸의 주인이며, 형체란 마음의 심부름꾼이다. 선악 등의 일은 마음 임금이 명령하여 형체 신하가 지은 것이다. 보응에 관해 말하자면 살아 있을 때에는 임금과 신하가 함께 받으며, 죽어서는 형체 신하가 이미 사라졌으므로 마음 임금이 혼자 받는 것이다.

보응(報應)의 설을 살펴보자면, 이것이 어찌 유독 우리 불교에만 있는 것이겠는가. 주역에서도 말하기를

"선을 쌓은 집안에는 경사가 넘치고 악을 쌓은 집안에는 재앙이 넘친다"

고 하였으며, 서경 홍범(洪範)에서도

"사람이 황극(皇極)에 합하면 하늘이 5복으로 이에 감응하고, 어긋나면 6극(殛)으로 이에 감응한다"

하였으니 이것이 보응이 아닌가. 형체가 있을 때에는 그 보응이 이미 이와 같으며, 죽고 나서도 형체는 비록 사라져도 정신은 존재하니 선악의 보응이 어찌 그렇지 않다 하겠는가. 부처님께서 말씀하시기를

"가령 넉넉히 백천겁이 지나도 지은 바 업은 사라지지 않으며 인연이 만날 때에 과보를 다시 자기가 받는다."

하였으니 이 어찌 사람을 속이겠는가.』

자, 그러면 다음 실천적 측면에서 출가·계율에 대하여 한번 생각해보자.

『우리 부처님의 가르침은 재가 출가를 막론하고 오직 사람들로 하여금 도의 작용에 어긋나지 않게 하고자 하는 것일 뿐이니 반드시 머리를 깎고 의복을 달리해야만 하는 것은 아니다. …부처님의 마음이 이와 같으니 어찌 조그맣게 통하겠는가. 그러나 만일 참을 힘이 없는 이라면 티끌 속에 있으면서 더럽혀지지 않고,

세속에 있으면서 도를 이루는 일이 어렵다. 그러므로 사람들에게 출가하라고 가르치며 멀리 떠나는 행을 닦도록 하는 것이다.

그러나 신하와 자식으로서 충과 효를 다하기란 어렵다. 더욱이 혼인하여 종신토록 올바름을 지키며, 제사를 모시면서 마음을 다하여 가지런히 하기란 더욱 어렵다. 충을 다하고 효를 다하여 근실히 그 직책을 지키며 올바름을 지키고 마음을 가지런히 하여 종신토록 그치지 않은 뒤에야 살아서는 좋은 명성을 잃지 않고 죽어서는 인간으로 태어날 수 있다. 이것이 경으로서 상(常)을 지켜서 얻는 효과이다. 그러나 살아서 좋은 명성을 얻을 뿐 애욕을 끊는 일은 거의 드물며, 죽어서 인간으로 태어날 뿐 윤회를 면하기는 어렵다.

또한 부처님은 삼명육통(三明六通)을 모두 갖추고 사지팔해(四智八解)를 원만히 갖추어 그 덕이 천하후세에 뿌려져 천하후세로 하여금 부처님의 부모를 큰 성인의 부모라고 칭송하게 하고, 부처님의 성(姓)으로 모든 성을 지닌 자들의 성을 삼게 하여 출가한 자들로 하여금 모두 석가의 아들이라 하게 하니 이 어찌 큰 효가 아니겠는가. 공자께서 말하지 않으셨는가. '입신행도(立身行道)하여 후세에 이름을 드날리어 부모를 드러냄이 효의 마지막이다.' 그 도로써 천하후세를 이끌어 천하후세로 하여금 그 가르침을 듣고 그 교화를 느끼게 하여 그 근기가 크고 작음에 따라 그 법을 주어 해탈케 하니 이 어찌 커다란 자비가 아니겠는가. 공자께서 말하지 않았는가. '하루를 극기복례(克己復禮)하면 천하가 인(仁)으로 돌아간다'라고.』

그래서 "만물은 천지와 더불어 한 형제가 되기 때문에 살생을 함부로 해서는 안된다"
한 것이다.

『하늘이 내린 사물을 포악하게 없애는 것은 성인이 더불어 하지 않는 바이다. 하물며 천도(天道)는 지극히 인(仁)하니 어찌 사람으로 하여금 생명을 죽여서 양생(養生)하게 하겠는가.

<서경>에서는 "천지는 만물의 부모이며, 사람은 만물 가운데 영장이다. 진실로 총명한 자가 우두머리가 되고 우두머리는 백성의 부모가 된다" 하였다. 천지가 이미 만물의 부모라면 천지 사이에 태어난 자는 모두 천지의 자식이다. 천지와 사물의 관계는 부모와 자식의 관계와 같으며, 자식 가운데 어리석고 지혜로움의 차이가 있는 것은 사람과 만물이 밝고 어두움이 있는 것과 같다. 부모는 자식에 대하여 비록 어리석고 못났을지라도 또한 사랑하며 가엾이 여기나니 오히려 잘 길러지지 못할까를 걱정하거늘 하물며 해치겠는가. 생명을 죽여서 양생하는 것은 같은 식구를 죽여서 자기를 기르는 것이다. 같은 식구를 죽여서 자기를 기르면 부모의 마음이 어떠하겠는가. 자식들끼리 서로 죽이는 것은 부모의 마음이 아니다. 사람과 물이 서로 죽이는 것이 어찌 천지의 뜻이겠는가. 인간과 만물이 이미 천지의 기를 함께 얻었으며, 또한 천지의 이(理)를 함께 얻어서 함께 천지 사이에 살고 있다. 이미 하나의 기 하나의

리를 부여받은 바인데 어찌 살생하여 양생하는 이치가 있겠는가.

'인(仁)이란 천지만물을 자기와 하나로 하는 것이다'는 이 말은 유교인의 말이다. 행하는 바가 그 말과 같은 뒤에야 비로소 인의 도를 다할 수 있다. …인(仁)이란 천지만물을 융합하여 한 몸으로 하여 사이가 없음을 말한다. 이 이치를 깊이 체득한 이는 비록 하찮은 사물이라도 해를 입히는 일이 없으니 인인(仁人)의 도(道)를 얻었다 할 수 있다. …<시경(詩經)>에서도 '한번 쏘아 돼지 다섯 마리를 맞춘다' 하고, <논어>에서는 '낚시는 하여도 그물은 쓰지 않고, 화살을 쏘아도 잠든 새는 맞추지 않는다' 하였으며, 그러므로 <맹자>에서는 '군자가 주방을 멀리하며, 그 소리를 들으면 차마 그 고기를 먹지 못한다'고 하고, 또 '촘촘한 그물이 연못에 들어가지 않으면 물고기와 자라가 다 먹을 수 없을 만큼 많게 된다'고 하였는데 이것은 모두 인을 행하되 아직 그 도를 다하지 못한 것이다.

이상의 말들이 어찌하여 '仁이란 천지만물을 자기와 하나로 하는 것이다'라는 말과 괴리되는가.

<중용>에서는 '말은 행위를 돌아보고, 행위는 말을 돌아보니 군자가 어찌 근신하지 않을 수 있겠는가' 하였는데, 이제 어찌 여기에 이르렀다 하겠는가. 이것이 바로 유교인들이 仁의 道는 잘 논하였지만 善을 다하지는 못한 바라 한 것이다.

유교의 인에 대한 일반적인 견해는 그것이 결코 모든 사람에게 요청되는 보편의 덕목이기는 하지만, 결코 모든 대상을 똑같이 사랑하는 보편적인 자비는 아니다. 그것은 마음을 쓰는 데 자기로 부터 미루어 남에게 미치는 것(推己及人)으로서 친소의 차등이 있기 때문이다.

먼저 <논어>에 의하면 仁은 '남을 사랑하는 것(愛人 ; 顔淵)'이며, 그 실천 방법은 '자기를 극복하고 예로 돌아가는 것(克己復禮 ; 顔淵)'이다. 그런데 여기에서 공자가 말하는 예는 주례(周禮)로서 혈연적인 친소관계에 기초한 사회지

배질서를 말한다. 이로 보자면 예로 돌아간다
는 것은 차별적인 세계와 이를 지배하는 차별
적인 질서를 인정한다는 것이고, 그 차별적인
질서에 따라 마음을 쓴다는 것을 의미한다. 맹
자는 이러한 차별적인 질서에 따른 마음씀을
'친족들을 친하게 대하는 것(親親)'과 '백성들을
어질게 대하는 것(仁民)', 그리고 '그 밖의 사물
들을 사랑하는 것(愛物)'의 세 단계로 구별하고
있으며(<맹자>, 盡心 상),

 '모든 사람에 대한 보편적인 사랑(兼愛)'을
주장하는 묵가(墨家)에 대하여 '아비도 없는 금
수와 같은 집단'으로 비판하고 있다.(<맹자>
藤文公 하)

 이처럼 유교에서 말하는 인은 친소(親疎)와
원근(遠近)에 따라 선후를 가려서 마음을 쓰는
것이기 때문에 불교에서 말하는 보편적인 자비
와 사랑과는 다른 것임을 알 수 있다 하겠
다.』

 다음에는 술에 대한 이야기다.

『계율에 대한 확고한 태도는 불음주계(不飲酒戒)를 둘러싼 논의에서도 그대로 이어진다.

술이 몸에도 좋고 제사에도 꼭 필요한 것이기 때문에 불음주계가 잘못이라는 비판에 대하여 기화는 먼저 음주의 허물을 불교와 유가의 경전을 빌어서 예증한다. 또한 불살생이 인의 실천이듯이 불음주가 재계(齋戒)의 실천이기 때문에 제사에 술이 반드시 필요한 것은 아님을 밝히고, 이를 전제로 불음주의 정당성을 주장하고 있다. 이에 따르자면 재계라는 덕목은 유교나 불교 모두 말하고 있지만, 구체적인 실천이라는 관점에서 보자면 유교는 불살생의 경우와 마찬가지로 이를 제대로 실천하지 못하고 있다. 그것은 일상 속에서 실천하지 못하고 특별한 경우에만 실천하기 때문이다. 그런데 불교에서는 불음주계를 통하여 일상적으로 이를 실천하고 있기 때문에 완전한 실천이라고 보는 것이다.』

다음은 화장에 대해서 말씀하신다.

『사람에게는 형체가 있고 혼신이 있다. 형체는 비유하자면 집과 같고, 혼신은 비유하자면 주인과 같다. 형체가 사라지면 그 혼신이 떠나가는 것이 마치 집이 무너지면 주인이 머물지 못하는 것과 같다. …몸은 물과 흙으로 형체를 엮고 불과 바람이 그 바탕을 이루어 가운데에는 온갖 더러운 것을 싸고 있어 깨끗하지 못한 것이 흘러나오지만 사람이 이를 보호하는 것이 금이나 옥보다 더 심하니 어찌 일찍이 싫어하여 떠나고자 하는 마음이 있겠는가. 죽음에 이르매 불과 바람이 먼저 사라졌으나 흙과 물은 아직 남아 있다. 이 흙과 물이 전에 사랑하고 보호하던 것인지라 갑자기 잊고 떠나가매 걸림이 없게 될 수가 없다. 이에 지혜로운 이가 그 흙과 물을 태워서 혼신이 가서 태어날 길을 가리키니 그 혼신이 다시 머무르고자 하는 마음이 없어 상청(上淸)의 기(氣)와 같이 맑게 올라간다.

다만 생전에 오온(五蘊)이 다 공함을 알고 육근(六根)이 청정하여 한 생각도 일어나지 않는 이는 비록 세상에 형체를 띠고 있지만 항상 혼신이 세상의 밖에 머물러 맑기가 허공과 같고 깨끗하기가 물과 같아 오히려 몸을 환(幻)으로 본다. 그러므로 죽음에 이르러서는 …소요자적(逍遙自適)하여 가고 머무는데 아무런 걸림이 없다. 그가 흙과 물에 대하여 어찌 돌아보아 걸리는 마음이 있겠는가. 이 상근(上根)인 사람은 물에 가라앉혀도 좋고 노천에 던져놓아도 좋으며, 돌을 파서 담아 놓아도 좋고 흙을 파서 파묻어도 좋고, 들불에 타는 바가 되고 벌레와 개미들에 먹히는 바가 되는데 이르기까지 해서 안될 것이 없다.』

이제 금강경오가해 서설과 원각경 게송을 들어 스님의 사상과 철학을 간단히 정리해 보겠다.

2. 금강경오가해 서설

금강경을 해설한 사람들이 이 세상에 수없이

많으나 함허득통선사는 야부도천·지공대사·6
조·규봉·종경스님의 학설을 모아 「오가해
(五家解)」라 칭하고 거기에 자신의 서문을 다
음과 같이 썼다.

여기 한 물건이 있으니
이름과 모양 없으되 고금을 관통했다.

한 티끌에 있으면서도 육합(六合)을 싸고
안으로 여러 가지 묘한 것을 머금고
밖으로 뭇 근기를 따른다.

삼재(三才)의 주인이 되고 만법의 왕이 되니
탕탕하여 비유할 것 없고
외외하여 짝할 이 없다.

그윽하지 아니한가.
하늘 땅보다 먼저 하여 그 시작이 없고
하늘 땅 보다 뒤에 하여
그 끝을 찾을 수 없으니-

함허득통(啣虛得通) 선사 95

비었다고 할 것인가 있다고 할 것인가.
나는 그 까닭을 알 수 없다.

우리 석가 부처님께서 이 하나를 얻고
널리 일체중생을 살펴보니
다같이 가지고 있으나
이에 미(迷)해 있는지라
찬탄하여 가로되 '기재(奇哉)'로다 하시고

생사의 바다 가운데
밑없는 배를 멍에 하시고
구멍없는 피리를 부시니
그 소리가 천지를 진동하게 하니
그 진리의 바다가 하늘끝까지 꽉 차
이에 귀머리를 듣게 하고
마른 나무 가지는 다 젖게 하시니
대지함생(大地含生)이
각기 그 있을 곳을 얻었다.

금강반야경은 묘음의 흐른 바를

법해(法海)가 잦아들게 한 것이다.

금강은 굳고 날카로워
아인(我人)의 조림(稠林)을 끊고
혜일(慧日)의 중혼(重婚)을 밝혀
혹무(惑霧)의 삼공(三空)을 열어
단상(斷常)의 구렁을 끊고 벗어나
진실의 세계에 올라 만행의 꽃을 피워
일승의 열매를 맺게 하시니
말과 말의 칼날은 날카로워
햇빛에 번쩍이고
글과 글은 물 뿌린듯 묻지 않는다.

끝없는 법문을 유출하여 무한의 인천들을
잉태 교육하는 스승이 있으니
대감능·규봉밀·야부천·부대사와
종경스님이 그분들이다.

모든 사람과 천인들이
높여 받드는 이들이고,

진리의 바다에 이르른 이들이다.

각기 통방(通房)의 바른눈을 갖추어
바로 제불의 밀인(密印)을 전하시고
광장설상으로 최승종승을 개연하시니
낱낱이 하악(河嶽)을 위진하고
고금을 빛냈다.

드디어 이 세상에 이르러서는
장님이 보게 하고
귀머거리가 듣게 하고,
벙어리는 말을 하고,
절름발이는 걷게 하셨다.

이미 널리 장래를 깨닫게 하기 위하여
각기 경 해석한 것을 이끌어
천하 후세들에게 전해주시니
어찌 조문상덕(彫文喪德)이라고 하겠는가.
비단위에 꽃을 수놓은 것 같다.
어찌 부처님의 해를

더욱 빛나게 한 것 뿐이겠는가.
또한 조도(祖道)를 더욱 빛나게 하였다.

우리들이 천생 이후 만나기 어려운
보배를 만나 손으로 만지고 눈으로
보게 되었으니 얼마나 다행한 일인가.
이것으로써 불조의 여휘(餘輝)를 들어내고
가히 나라와 신하들의 큰 복을 빈다.

이 책의 편집이 누구로부터
시작되었는지 알 수 없으나
내 기뻐 한 부처님 5조사의 마음을
한번 굴려 다시 본다.

슬퍼하는 것은 거문고 뜯는 사람은 있으나
뛰어난 감상자를 만나지 못하는 것이다.
이로 말미암아
아아곡(峨峨曲)을 양양곡(洋洋曲)으로
잘못 듣는 자 많은 것이다.

또 경소에 있어서 잘못 진(眞)을 넘쳐
성 밖에까지 나온 젖이 많은 것이다.
어찌 성현 가신 지 오래된 것만을
말할 수 있겠는가.
오랜 세월 여러 사람의 손을 거치다 보니까
그렇게 된 것이다.

대개 성현의 말씀을 후세에 전할 때는
오직 글만으로는 되지 않고,
또 빈 뜻으로만도 전할 수 없다.
글과 뜻이 서로 도와
바야흐로 묘한 소리가 나야
천하고금의 귀감이 되고
세·출세간의 안목을 열게 된다.

만일 뜻이 잘못되거나
문장에 착오가 있으면
인천의 안목을 열지 못할 뿐만 아니라
잘못 오해로 바른지견을
장애하게 된 것이다.

실로 문자에 미혹하지 않고
성인의 뜻을 능히 체득하게 하는
사람은 진실로 얻기 어렵다.

그러나 마음을 깨끗이 하고
생각을 고요히 하여
문자를 인연하여 뜻을 연구하고
뜻을 의지하여 문자를 찾는 사람은
글과 뜻을 털끗만큼도 속일 수 없어
마치 저 병맥이 어진의사의 손을 벗어나지
못하는 것과 같게 되는 것이다.

내가 비록 어진의사는 되지 못하나
다행히 글자 뜻은 조금 알아
참되고 거짓된 것을
판단할 수 있었던 까닭에
지금 경소 가운데서
혹은 탈(脫)하고 연(衍)하고 도(倒)하고
오(誤)한 것을 간추려 내어
여러 분 것과 대조 바로 잡은 것이다.

그러나 다른 분의 의지한 바 밖에
글자 한 자도 뜻대로 보태고
속아내지 않았다.
혹 의심하는 것이 있으면
타본의 전기를 보고 뜻을 판단해서
책 뒤에 붙였으니 참고하시기 바란다.

판(밥상) 위에 올려놓고 잘못된 것은 보고
포졸공수(抱拙拱手)들로 하여금
그 사이에 칼놀림을 하게 한다면
어찌 통인달사라 하겠는가.

이런 까닭으로
부족한 재주를 생각하지 않고
맺힌 것을 풀고 장애를 뚫고
바로 되지 못한 것을 바로 잡아
기리 후학에 계승되게 한 것이니
누가 왕사성의 밝은 달빛이
만고에 꺼지지 않는 이치를 알겠는가.

웃는다.
다른 날 눈갖춘 사람이 보면
세상이 한번 크게 웃으리라.

다음은 원각경 송이다.

3. 원각경 설의 요간
(圓覺經說誼料簡)

스님은 「대방광원각수다라라요의경」 의 뜻은 다음과 같이 해석하였다.
「대방광」 의 대는 우주인생의 체·상·용을 밝힌 것이니 그 뜻이 무궁무진하므로 「대」 라 하였다 한다.

(1) 경제설의(經題說誼)

함허스님은 대방광원각수다라요의경의 大를

3가지 뜻으로 해석한다.

①은 체대(體大)니 원각의 체가 관대(寬大)하여 천지를 둘러싸고 10虛를 총괄하여 그 원융함이 시간과 공간을 초월했기 때문이고,

②는 상대(相大)니 3덕을 구족하여 법마다 갖추지 아니함이 없어서 본래부터 간디스강의 모래알 수와 같은 청정한 공덕을 갖추고 있기 때문이며,

③은 용대(用大)니 때로는 범부, 때로는 성현, 때로는 염정(染淨)하여 체가 緣을 따라 모든 일을 성취하기 때문이다. 그러므로 경에 '여래장(如來藏)이 구경원만(究竟圓滿)하다'(體大)하고, '다라니 문과 온갖 덕이 비장(秘藏)되어 있다'(相大) 하고, '일체 청정한 진여(眞如)와 보살(菩薩)과 열반(涅槃)과 바라밀을 유출하여 보살들을 교수한다'(用大) 한 것이다. 그러므로 이 셋은 주변(周偏)·함용(含容)·無窮·무진(無盡)의 뜻이 있어 대(大)라 한 것이다.

$$
大 \begin{cases}
體大 - 圓覺體寬\ 範圍天地 \\
\quad\quad 囊十虛圓無際涯 \\
相大 - 具足三大\ 無法不備 \\
\quad\quad 本有過恒沙功德 \\
用大 - 能凡能聖\ 能染能淨 \\
\quad\quad 舉體隨緣成一切事
\end{cases}
\begin{array}{l}
皆有周 \\
徧含容 \\
無窮無 \\
盡三義
\end{array}
$$

다음 方은 止와 正의 뜻이다. 제지(制止)·안
지(安止)·쌍지고(雙止故)로 止이고, 이 三止를
통하여 사(邪)를 등지므로 正이다. 왜냐하면 허
물을 여의고 그름을 끊어서 물외(物外)에 초연
한 것이 제지이고, 상단(常斷)을 거두어 정에
돌아가 의리에 편히 안주하는 것이 안지(安止)
이고, 시비의 정이 다하여 능소(能所)를 둘 다
잊는 것이 쌍지(雙止)이기 때문이다.

그러므로 경에 '바른 삶을 얻어서 사견(邪見)
에 떨어지지 않는다' 하고, '일체 허망한 경계
를 멀리 여읜다' 하였으며, '관문(觀門)을 수습
(修習)하고 각성(覺性)을 수순한다' 하고, '증(證)
중에는 능소(能所)가 없고 마침내는 증할 것도
증한 자도 없다' 한 것이다.

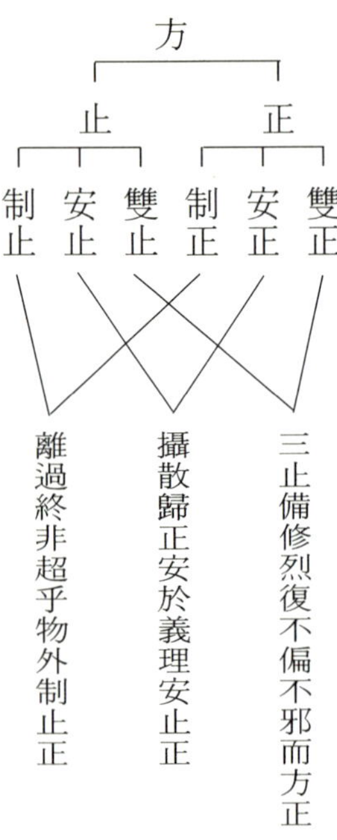

그러니 方은 정집(情執)을 탕진하여 늘 각성(覺性)을 따름으로서 다시는 변사(偏邪)에 떨어지지 않는 것이다.

다음 광(廣)은 자리(自利)·이타(利他)·평등무제(平等無際)한 것이니 경에 '모든 병을 멀리 여의고 모든 장애를 멀리 여의어 일체가 청정하다'한 그것이다.

모든 보살들이 중생을 위하여 물은 것은 이타(利他)의 광(廣)이고, 선악을 짓고 끊되 지어도 지은 바 없고 끊어도 끊은 바 없이 하고, 제물(諸物)을 교화하되 化해도 化한 바 없이 하고, 지지작범(持止作犯)을 쌍망(雙忘)함으로써 자타를 평등이 하므로 이것이 원융무제의 廣이다. 그러므로 경에 '법으로 더불어 결박하지도 않고 해탈을 구하지도 않는다' 한 것이다.

<pre>
        ┌ 自利行 ── 備修萬行 斷盡諸障 ┐
   廣 ┤ 利他行 ── 推以及物 廣令度脫 ┤
        └ 自他平等 ─ 半斷而無斷 作卽無作 ┘
                        化而無化 持犯兩忘
                        去住無碍
</pre>

다음 원(圓)에는 자각(自覺)·각타(覺他)·구경원만(究竟圓滿)의 세 가지 뜻이 있다. 혹단성덕(惑斷成德)은 자각(自覺)이 원(圓)한 것이고, 3근(根)을 보섭(普攝)한 것은 타각(他覺)이 둥근 것이며, 증화(證化)가 원극(圓極)하면 구경(究竟)이 둥근 것이다. 이렇게 3圓의 이치가 지극하여 정(情)을 잊고 성(聖)에 합해 털끝만큼도 범부의 변국(偏局)이 없으면 진짜 둥근 것이 되는 것이다.

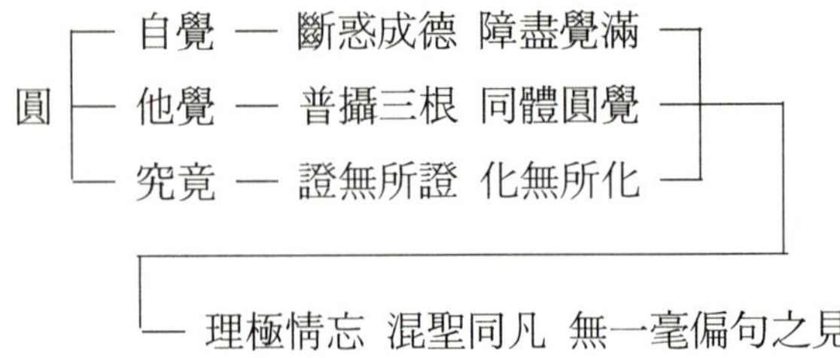

각(覺)에는 본각(本覺)·시각(始覺)·본시무이각(本始無二覺)의 세 가지 뜻이 있다. 본각(本覺)을 大라 하고, 자각(自覺)을 方이라 하고, 타각(他覺)은 廣이라 하는데, 자타의 각이 원만하여 본각과 같아지면 그것을 이름하여 원각(圓覺)이라 한다.

본각이 大함은 그 체가 무변(無邊)하고 상(相)이 중덕(衆德)을 갖추고, 용(用)이 유출무궁(流出無窮)한지라 미만청정(彌滿淸淨)하고 허철영통(虛徹靈通)하여 성안에 있으면 보리열반(菩提涅槃)이 되고, 범부에 있으면 번뇌생사(煩惱生死)가 되되 가감이 없는 것이 천월(天月)이 염정(染淨)과 미오(美惡)를 구분하지 않고 빈부귀천을 가리지 않는 것 같다.

자각(自覺)이 方한 것은 전박중생(纏縛衆生)이
갑자기 스승의 지시로 인하여 갑자기 회기(廻
機), 청정무구한 相을 반조(返照)함으로써 사악
을 버리고 정선(正善)에 들어가고, 번뇌를 돌이
켜서 보리를 이루고, 무명을 돌이켜 반야를 삼
고, 생사를 돌려 열반을 삼기 때문이다.

또 타각(他覺)이 廣하다 한 것은 능각(能覺)의
성덕(成德)으로 동품중생(同稟衆生)들이 미련에
빠져 있는 것을 관하고 자문(慈門)을 구름 펴듯
행해(行海)를 날리어 수연부감(隨緣赴感), 설법
함으로써 일체유정을 넉넉히 이익되게 하는 까
닭이다. 또 자각(自覺)을 方이라 하지만 광의(廣
義)를 겸하고, 타각(他覺)도 廣이라 말하지만 方
의 뜻을 겸한다. 악을 그칠 때는 악마다 끊지
않음이 없고, 선을 생한다 하지만 선마다 가지
지 않음이 없어서 가히 여의지 못할 바가 없
고, 가히 지으려 하면 짓지 못할 것이 없다. 이
것이 자각자(自覺者)의 方이면서도 廣이다. 또
일체로 하여금 나의 그침과 같이 그치게 하려

하면 그치게 하지 아니한 것이 없고, 지으려 하면 짓게 하지 아니한 바가 없으니 이것이 이타자(利他者)의 광방(廣方)이다.

자타(自他)의 覺이 원만하면 본각(本覺)이 그대로 원각(圓覺)이 되므로 능증(能證)과 소증(所證), 능화(能化)와 소화(所化)가 없게 된다. 여기에는 생불(生佛)·사정(邪正)·선악(善惡)·시비(是非)·성범(聖凡)·미오(迷悟)가 하나의 경계가 되어 번뇌와 보리가 걸림없고, 생사와 열반이 상위(相違)하지 아니하며, 지혜와 우치가 모두 반야가 되고, 지옥·천당이 모두 정토가 되어 순역(順逆) 경계에 자타(自他)의 覺이 원만하게 이루어지는 것이다.

또 범어 아뇩다라삼먁삼보리(阿耨多羅三藐三菩提)를 무상정변정각(無上正偏正覺)이라 번역하는데, 무상(無上)은 大이고 정변(正偏)은 방광(方廣)이고 정각(正覺)은 원각(圓覺)이라 하고, 또 정지(正智)는 자각(自覺)·변지(偏智)를 타각(他覺)·자각타(自覺他)에 변사(偏邪)가 없는 것이 무상각(無上覺)이라 설명하였다. 그러므로 정각(正覺)과 원각(圓覺)은 方의 능소양망(能所兩忘)과 廣의 자타평등(自他平等), 圓은 구경원극(究竟圓極)과 覺의 본시무이(本始無二)를 말한다.

그러면 어찌하여 대방광원(大方廣圓)의 순서를 이런 배열로 놓았는가. 이것은 신행의 순서를 배열한 것이다. 大는 신해(信解)이고 方은 자리(自利)로서 正이고 廣은 이타(利他)이고 圓은 증화(證化)다. 大가 먼저이고 方이 뒤에 함은 이해를 원만히 하고 행동을 방정(方正)하게 하는데 의의가 있다. 선악(善惡)·염정(染淨)·생사유명(生死幽明)의 이치를 알아 진지취사(進止取捨)에 정정(貞正)이 새지 않게 하기 위한 것이며, 안으로 敎를 곧게 하고 밖으로 義를 바르게 하여 악을 그치고 선에 나아가고 邪를 버리고 正에 돌아가게 하기 위한 것이다.

또 方을 먼저 하고 廣을 다음에 한 것은 남은 덕을 物에 미쳐 널리 사랑하되 자기의 선행을 남에게 미루고 자기에게 악이 없는 연후에 악을 사랑한다. 이것이 바로 섭선(攝善) 섭율(攝律)로서 유정(有情)을 널리 이익되게 하는 것이다.

또 방광(方廣)을 먼저 하고 圓을 뒤에 한 것은 취사(取捨)로 인하여 자타의 행을 세우고 자타의 행이 서로 나면 능소(能所)의 정(情)이 없어져 비로소 극증대화(極證大化)의 경지에 나아가 道가 방체(方體)가 없게 되는 것이다.

그러므로 大와 圓은 이름은 다르나 뜻은 같다. 그래서 「대원만각(大圓滿覺)」이라 하는 것이다. 신해(信解)와 증화(證化)는 시종이 일관하다. 마치 문수의 묘지(妙智)에 계합하면 완연히 초심을 이루고, 보현의 행문(行門)에 들어가면 별체(別體)가 없는 것 같다. 따라서 大와 廣이 같고 方과 圓이 서로 다르지 않다. 그러니 동체(同體)의 覺이 광대하며 변제(邊際)가 없어서 자타가 다름이 없음을 알고 능히 미루어 物을 깨닫게 하기 때문이다.

그러므로 대방광(大方廣)은 인과없는 가운데
서 인과를 세워 그 인과를 통하여 인과없는 경
지에 돌아가게 하는 것이다.

다시 말하면 법계(法界)로 부터 나서 다시 법
계로 환원, 오(悟)를 행하였으며 他를 교화하도
록 하는 것이 대방광이고, 마음을 닦아 證에
나아가되 깨달아도 깨달은 바가 없고, 교화해
도 교화한 것이 없어 증화(證化)가 원만무애하
므로 대광원(大廣圓)이 되는 것이니, 이것이 각
로(覺路)의 끝없는 장엄이다.

만일 이것을 전체의 한 경에 배대한다면 문수
1장은 신해문(信解門)에 의하여 大를 밝힌 것이
고, 보현으로부터 정제업장(淨除業障)까지의 8장
은 자리문(自利門)에 의하여 方을 밝힌 것이고,
보각일장(普覺一章)은 이타문(利他門)에 의하여
廣을 밝힌 것이고, 원각일장(圓覺一章)은 증화구
경문(證化究竟門)에 의하여 圓을 밝힌 것이다.

왜냐하면 문수에서는 "대다라니문인 원각을
통하여 일체 청정한 진여와 보리와 열반과 및

바라밀을 유출한다" 하였으니 바로 그것이 大이고 "일체여래가 다 청정원각(淸淨圓覺)을 원조(圓照)하며 영원히 무명(無明)을 끊고 불도(佛道)를 이룸으로써 신해(信解)를 밝힌" 까닭이다.

보현, 이하 8장은 변(辯)이 단혹이덕(斷惑理德)하되 진망사정(眞妄邪正)의 결택을 분명히 하여 제지(制止)·안지(安止)·쌍지(雙止)로서 거취를 분명히 하여 자제문(自制門)을 밝힌 까닭이고,

보각에서는 중생들로 하여금 군맹(群盲)을 깨뜨리고 사견에 떨어지지 않게 하여 모두 개오(開悟)케 한 까닭이다.

그리고 원각의 구경문(究竟文)은 개오(開悟)의 섭진(攝盡)을 겸한 것이다. 단, 보현(普賢)·보안(普眼)은 상근수증(上根修證)이고 금강등 6장은 중근수증(中根修證)이며, 정업장은 세혹(細惑)을 밝힌 것이고, 보각·원각은 증화원극(證化圓極)의 경계로서 하근기 중생의 자량이 된다.

그리고 현선수는 모든 장의 대지(大旨)를 결현(結現)한 것이므로 유통분(流通分)이 된다. 다라니는 무진보(無盡寶)로서 법계 실보전(實寶殿)

을 장엄한 것이다. 무진(無盡)이란 대소변원(大小偏圓)과 권실돈점(權實頓漸), 요불료(了不了)의 뜻을 섭진(攝盡)하여 남음이 없는 것이 마치 중류(衆流)가 대해에 든 것 같다.

```
         ┌ 本覺 － 大 － 覺之爲覺故  體而包容無  際
         │                相而具衆德相  用而流出無窮
         │                彌滿淸淨虛微靈通  不增不減
         │                如天皎月  不分染淨美惡  不
   圓     │                問貧富貴賤  括宇不寞  處毫
         │                不微  無始無終  無虧無缺  無
         │                在不在  無時不然  三義一體
         │                名爲圓覺  正覺
         ├ 自覺 － 方 － 在纏之衆  忽因師指  忽者廻機
   覺     │                返照淸淨具足之相  而生信解
         │                於是捨邪歸正  背惡從善  廻
         │                煩菩提無明爲般若  生死涅槃
         └ 覺他 － 廣 － 旣能自覺  斷惑成徒  普觀衆生
                          同稟自迷  於是雲布慈門  波騰
                          行海  理種種形  設種種法  廣
                          能饒益一切有情――兼方義
```

위와 같이 그 뜻을 원만히 갖춘 것을 요의경
(了義經)이라 하고 원만히 갖추지 못한 것을 불요
의경(不了義經)이라 한다. 이 경은 원만히 모든
것을 다 갖추었으므로 수다라요의경(修多羅了義
經)이라 하게 된 것이다. 經은 종횡의 경위(經緯)
로서 묘한 뜻을 혹은 세우고 파하되 名·句·文
으로서 만대의 궤범(軌範)이 되게 한 까닭이다.

이것이 함허스님께서 경의 제목을 해석하신
것이다. 스님은 이 경의 제목을 이렇게 해설해
마치고 나서 다음과 같이 송(頌)을 지어 붙였다.

甚深妙法妙難宣 하니
심 심 묘 법 묘 난 선

擧目分明已現前 이라
거 목 분 명 이 현 전

若了一題無一字 하면
약 료 일 제 무 일 자

看經何更逐言詮 이리요
간 경 하 경 축 언 전

깊고 깊은 묘법은 묘하여 설하기 어렵다.

눈을 들면 분명히 앞에 나타나는지라
一題에 一字가 없는 줄 깨달으면
경을 보는데 어찌 말을 하겠는가.

이제 이 한 경의 조직을 간단히 도해하면 다
음과 같다.

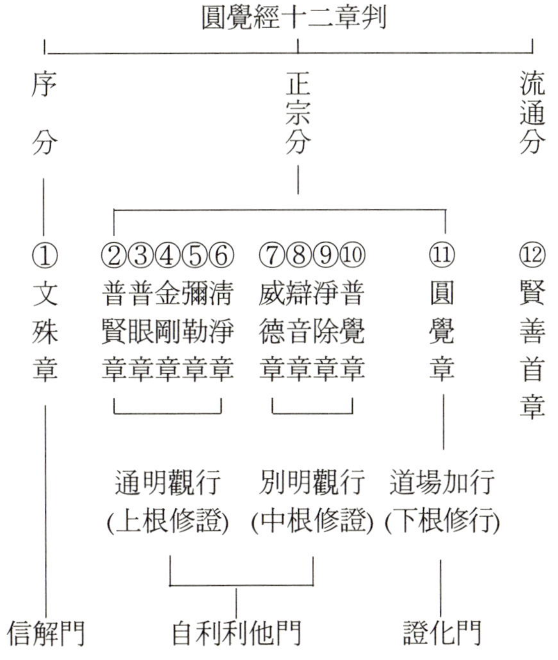

(2) 서분 설의(序分 說誼)

① 송경(誦經)의 대표자가 아난존자가 된 이유

부처님을 항상 따라 다니는 제자들이 수천에
달하고 보살 대중이 10만이 넘는데도 유독 아
난이 송경(誦經)의 대변자가 된 것은 아난이 제
자 중 다문제일(多聞第一)이기 때문이다.

② 이와 같음을 내가 들었다한 여시(如是)는
아래의 12장 법문을 통칭한 말이고,

③ 바가바(婆伽婆)는 자재(自在)·치성(熾盛)
·단엄(端嚴)·명칭(名稱)·길상(吉祥)·존귀(尊
貴)이니 활·분·노·치(活·忿·怒·痴)를 능
히 파하여 그의 명성이 널리 들린 까닭이다.

④ 신통대광명장(神通大光明藏)은 일체를 함
섭(含攝)하고 있는 각체(覺體)이다. 각체는 창고
와 같아 모든 광명을 쌓아 놓고 신통과 광명을
나타내고 있기 때문이다.

⑤ 삼매정수(三昧正受)도 각체가 외연(外緣)을
대하지 않고 허명자조(虛明自照)하기 때문이다.

각 장의 게송을 소개하면 다음과 같다.

(3) 문수장송(文殊章頌)

欲識如來因地行 이댄
욕 식 여 래 인 지 행

看取文殊所問章 하라
간 취 문 수 소 문 장

了悟法空空亦忘 하면
요 오 법 공 공 역 망

縱此轉愚成覺皇 이니라
종 차 전 우 성 각 황

여래의 인지행을 알고자 하면
문수의 물음을 자세히 보라.
法이 공한 도리를 깨달아 空까지도 잊으면
이로부터 愚를 굴려 覺皇되리라.

(4) 보현장송(普賢章頌)

正解已成須起行 이니
정 해 이 성 수 기 행

普賢所以問其方 이다
보 현 소 이 문 기 방

離幻拂倒無所離 하면
이 환 불 도 무 소 리

不可離者是眞常 이로다
불 가 리 자 시 진 상

바로 이해했으면 즉시 행을 일으켜야 되나니
그러므로 보현이 그 방법을 물었다.
幻을 여의어 여윈 것 없는 데 이르면
그 여윌 것 없는 것이 眞常이니라.

(5) 보안장송(普眼章頌)

欲地離幻最先方 인댄
욕 지 리 환 최 선 방

也應看取普眼章 하라
야 응 간 취 보 안 장

身心幻依正觀滅 하면
신 심 환 의 정 관 멸

淸淨圓明佛境彰 하리라
청 정 원 명 불 경 창

離幻의 最先方을 알고자 하면

마땅히 보안장을 보라.

몸과 마음의 幻이 바른 觀을 의지하여 멸하면

淸淨圓明하여 佛境이 그대로 나타나리라.

(6) 금강장송(金剛章頌)

生佛俱疑變不變 하니
생 불 구 의 변 불 변

若非大覺熟能辦 가
약 비 대 각 숙 능 판

金華一唱夢方醒 하니
금 화 일 창 몽 방 성

雲散長空月圓現 이니라
운 산 장 공 월 원 현

중생과 불이 모두 變不變을 의심하니
만일 대각이 아니면 어떻게 능히 가리겠는가.
金華(닭)가 한 번 울면 꿈을 깨게 되어 있으니
구름은 長空에 흩어지고
달만 뚜렷이 나타나도다.

(7) 미륵장송(彌勒章頌)

愛根已滅苦芽燢 하니
애 근 이 멸 고 아 심

大小同途入聖林 이라
대 소 동 도 입 성 림

智月悲花三界朗 하니
지 월 비 화 삼 계 랑

生靈從此免浮沈 이로다
생 령 종 차 면 부 침

사랑의 뿌리가 멸해 고통의 싹이 데쳐지면
大小가 같은 길로 聖林에 든다.
智月과 悲花로 三界가 밝으니
生靈이 이로부터 浮沈을 면한다.

(8) 청정혜장송(淸淨慧章頌)

淸淨一源已豁然 하니
청 정 일 원 이 활 연

爲明階位請重宣 이라
위 명 계 위 청 중 선

知非漸進功方就 하니
지 비 점 진 공 방 취

眞妄都忘日上天 이로다
진 망 도 망 일 상 천

청정한 一源을 훤히 밝히고자
여러 가지 계위를 밝히도록 청한다.
그름을 알아 차차 공을 이루어
진망을 잊으면 하늘에 해가 떠오르리라.

(9) 위덕장송(威德章頌)

一般隨順方無量 이어늘
일 반 수 순 방 무 량

靜幻禪三是大網 이라
정 환 선 삼 시 대 망

莫把此三爲異趣 하라
막 파 차 삼 위 이 취

千途無路匪歸仰 이니라
천 도 무 로 비 귀 앙

일반적인 방편은 한량없이 많으나
靜·幻·禪 三觀이 大網이다.
이 셋이 서로 다르다 말하지 말라.
온갖 길이 모두 고향으로 가는 길이다.

(10) 변음장송(辨音章頌)

三觀假說修行路 하야
삼 관 가 설 수 행 로

單複圓分二十五 라
단 복 원 분 이 십 오

夢視同憂天未曉 러니
몽 시 동 우 천 미 효

醒來依舊日當午 로다
성 래 의 구 일 당 오

3관 수행의 길을 베풀어서
單複 25륜을 나누었으니
꿈속의 날이 새지 않음을 근심했더니
깨고 나니 옛대로 대낮이로다.

(11) 정업장송(淨業章頌) ①

初因不覺背眞常 하야
초 인 불 각 배 진 상

仍起我人幾斷腸 고
잉 기 아 인 기 단 장

四相雲開一眞露 하니
사 상 운 개 일 진 로

海湛空澄萬像彰 이로다
해 담 공 징 만 상 창

처음 不覺을 인하여 眞常을 등져
我와 人을 일으키니 얼마나 애가 끊어졌던가.
四相의 구름이 열리어 一眞이 들어나니
바다 맑고 허공이 맑아 萬像이 들어난다.

（12） 정업장송（淨業章頌） ②

正見求承作他作 하야
정 견 구 승 작 타 작

平等怨觀無適莫 하라
평 등 원 관 무 적 막

四心發處慧光新 하면
사 심 발 처 혜 광 신

大地群盲同決膜 하리라
대 지 군 맹 동 결 막

바른 눈 가진 사람 구해 받들어 타작을 하면

원친이 평등하여 옳고 그름 없어진다.
吅心을 발한 곳에 지혜의 빛 새로우면
대지의 장님들이 모두 눈을 뜨리라.

(13) 원각장송(圓覺章頌)

風停波息已成觀 하니
풍 정 파 식 이 성 관

限滿隨方體自安 이라
한 만 수 방 체 자 안

別徧互修雖異路 나
별 변 호 수 수 이 로

佛境現時無兩般 이로다
불 경 현 시 무 량 반

바람이 자니 물결이 쉬어
이미 관이 이루어지고
限이 차니 곳을 따라 몸이 스스로 편안해진다.
別·徧·互修가 길이 다르나
불경계를 나타내는 데는 두 가지가 아니다.

（14） 현선수장송(賢善首章頌)

依名奉教復修行 하고
의 명 봉 교 부 수 행

隨分宣揚刮衆盲 이라
수 분 선 양 괄 중 맹

熏種多生當證果 니
훈 종 다 생 당 증 과

天神所以衛爲營 이로다
천 신 소 이 위 위 영

이름 따라 교를 받들어 수행하고
분수 따라 선양하여 장님들을 치료하되
種智를 다생에 훈습하여 證果를 하게 되니
천신이 호위하여 陳營을 이룬다.

이상이 함허스님의 원각경설의요간송(圓覺經
說宜料簡頌)이다. 이 외에도 법화경송(31수) · 영
가집송(10수) · 법왕가(18송) · 반야가(12송) · 종풍
가(5송) 등이 있어 가사문학(歌辭文學)에 중요한
자료가 되어 있다.

허응당 보우대사(虛應堂 普雨大師)

1. 정의구현(正義具顯)

스님의 법명은 보우이고, 호가 허응 또는 뇌암(懶庵)이다. 15세에 금강산 마하연에서 삭발하고, 지평 용문사 지행(智行) 도인에게 득도, 명곡(明谷)장로의 지도를 받았다.

천품이 영명하여 출가전 유전(儒典)을 통독하고 출가 후에는 삼장교전을 완수한 뒤 금강산에 들어가 6년 동안 좌선하여 만수일관(萬殊一貫)의 묘리를 실증하였다.

중종 13년(스님 나이 25~6세) 신륵사 스님들이 유생들을 박대하였다는 이유로 여러 스님들

을 구속하고 사람들을 불질러도 누구하나 벌주
는 사람이 없음을 보고 "釋風裹衰薄斯年 血淚
潛潛滿葛中"라는 시를 지어 통탄하였다.

중종 39년에 왕이 승하하고 인종이 즉위하여
반년만에 하세 하니 명종이 즉위, 중종의 계비
윤씨가 소생하였다. 왕은 춘추 13세의 약관으
로 모후의 섭정을 받게 되자 상신(相臣) 우찬성
상진(尙震)이 쌀을 시주하였다.

이에 대비가 상진을 믿고 불법중흥을 서약,
금강산에서 수륙재를 개설하였다. 재를 마친
스님은 안변 석왕사 은선암에 거처하며 함경감사
정만종과 교류 국계암(掬溪庵)을 신축하였다.

명종 3년 3월 영북을 떠나 양주 회암사에 이
르러 몇 개월 있다가 선종능찰 봉은사 주지 명
곡대사가 노환으로 입적하자 12월 25일 봉은사
주지가 되었다. 이에 문정황후가 이미 폐지된
양종과 도승, 선승제도를 부활코자 각도 관찰
사에게 추천을 요하자 정감사가 스님을 추천하
여 유지를 받들자 전국 유생들이 사헌 사간 양
헌을 비롯 홍문관 성균관생들에 이르기까지 수

천명이 수십회에 대한 항의를 극렬히 하였으나 흔들림없이 양종 주지 직첩을 주고, 스님은 판선종사도대선사가 되어 8도 승중을 향해 시험을 실시, 공사전·향이·군역자를 제한 400여 명을 합격시키고 난 다음 승과는 전등, 염송과 화엄, 십지로써 시험하여 선종 22인, 교종 12인을 선취하였다. 이때 서산·사명이 합격하여 만수가사를 내렸다.

이에 스님은 1차 수업이 완수 되었으므로 판사직을 하직하고 춘천 청평사에 머물다가 다시 찾는 사람들이 많아 설악산 백담사에 숨어 있었는데 마침 중종의 희능(喜陵)을 성종의 선능(宣陵) 동쪽에 옮기기로 하여 대사를 봉은사 주지겸 판사로 재임하였다.

이 불사로 스님의 두 발은 모두 희어졌고, 기골이 소진하여졌으나 문정황후에게는 3년 전에 조서한 명종의 원자 순회세자(順懷世子)의 명복을 빌기 위하여 양주 회암사에서 전국 승려 무차대회를 마치자 전국의 유생들이 일어나 다시 대사의 참형을 요구하므로 제주도로 귀양

보내 제주목사 변협(邊協)에 의해 임종하였다.

幻人來入幻人鄉　　　五十餘年作戲狂
환 인 래 입 환 인 향　　오 십 여 년 작 희 광

弄盡人間榮辱事　　　脫僧傀晶上蒼蒼
롱 진 인 간 영 욕 사　　탈 승 괴 정 상 창 창

〈임종게〉

스님의 저서에는 허응집 2권, 뇌암잡저 1권, 수월도량몽중문답, 선당선후영혼식권념요록 각 1권이 있다.

허응당 상하 양권에는 500여 수의 시와 사문(辭文)이 있고, 뇌암잡저에는 29종의 소문이, 권념요록에는 반소설체전기 7종이 들어있다.

그리고 수월도량공화불사문답에는 불사와 연관된 문답들이 들어있는데, 모두가 금과옥조(金科玉條)들이다.

여기 한 가지씩만 소개한다.

2. 법어에 나타난 글들

① 금강산 문이암에서
　　(入金剛山聞利巖)

蕭洒古巖窟　　聞尋一路微
소 쇄 고 암 굴　　문 심 일 로 미

溪明堪照影　　谷靜可忘機
계 명 감 조 영　　곡 정 가 망 기

쓸쓸한 옛 바위굴을
듣고 찾는 길 좁구나.
시내 맑아 그림자 비추기 적절하고
골짜기 적정하여 기틀도 잊을만하네.

蘿蔔芽初長　　葡萄葉正肥
나 복 아 초 장　　포 도 엽 정 비

成然聊入睡　　夢斷出雲歸
성 연 료 입 수　　몽 단 출 운 귀

무 배추싹 처음 자라고
포도잎 바로 살찌는구나.
저절로 애오라지 졸음에 들다.
꿈깨고 나니 구름 돌아간다.

〈허응당집 상권〉

② 회암사 차안당에서
　　(於檜巖寺 遮眼堂)

衰病如今欲萬身　　從前道業愧因循
쇠병여금욕만신　　종전도업괴인순

雲林只合容吾拙　　名刹那堪作主人
운림지합용오졸　　명찰나감작주인

破衲一生眞活計　　短筇千里好逡巡
파납일생진활계　　단공천리호준순

庖翁縱未治庖事　　尸祝何勞代越陳
포옹종미치포사　　시축하노대월진

쇠한병이 지금처럼 욕신에 가득하려 하니

종전의 진리 과업
대충대충 공부한 것이 부끄럽다.
구름숲은 단지 나의 졸렬함을 비웃고 있는데
이름난 절 어찌 주인 노릇 감당할까!

헤진 장삼 일생을 살아온 계책
짧은 지팡이로 천리길을 오락 가락
푸줏간 주인이 비록 푸줏간 일 잘못하더라도
신주께 축 읽으며
어떻게 제사찬을 대신할 수 있을까요.
〈허응당 하권〉

※ 병중에 봉은사 주지가 되어 읊은 노래.

③ 작은 스님들께 내리는 법어
　（示小師法語）

汝雖以諸心　　日眞心上用
여 수 이 제 심　　일 진 심 상 용

應非眞妙用　　　乃其虛影像
응비진묘용　　　내기허영상

若執此影像　　　以爲眞實心
약집차영상　　　이위진실심

影像滅去時　　　此心定亦滅
영상멸거시　　　차심정역멸

何以故如斯　　　爲汝聊說破
하이고여사　　　위여료설파

妄心自無形　　　攬塵而成體
망심자무형　　　람진이성체

正如鏡中像　　　又如水上波
정여경중상　　　우여수상파

迷水若執波　　　波寧心卽滅
미수약집파　　　파녕심즉멸

迷鏡執彼像　　　像滅心卽之
미경집피상　　　상멸심즉지

知濕性不壞　　了鏡體常明
지 습 성 불 괴　　요 경 체 상 명

波浪本自空　　影像自歸寂
파 랑 본 자 공　　영 상 자 귀 적

故知佛鏡智　　徧界而徧空
고 지 불 경 지　　변 계 이 변 공

凡夫妄身心　　如影亦如像
범 부 망 신 심　　여 영 역 여 상

是執未爲本　　認妄以爲眞
시 집 미 위 본　　인 망 이 위 진

此所謂不了　　認賊爲其子
차 소 위 불 료　　인 적 위 기 자

阿難執次心　　如來被訶斥
아 난 집 차 심　　여 래 피 하 척

若妄心起時　　都莫隨他去
약 망 심 기 시　　도 막 수 타 거

若德如是修　　臨終得自在
약 덕 여 시 수　　임 종 득 자 재

天上與人間　　隨願而往生
천 상 여 인 간　　수 원 이 왕 생

비록 마음을 가지고
참 마음 운용이라 하여도
참 마음의 묘용은 아니고
헛된 그림자 뿐이다.

만약 그 그림자에 집착하여
진실한 마음 삼는다면
그림자 모습이 사라질 땐
이 마음도 또한 사라져야 될 것 아니냐.

왜냐하면
너희들을 위해 말하겠다.
망심은 스스로 형상이 없는데
먼지 흔들어 형체를 이룬 것이라.

바로 거울속의 그림자 같고
물 위에 파도와 같다.
물에 어두워 파도에 집착하면
파도 잔잔하면 마음 곧 사라지고

거울에 미혹하여 형상에 집착하면
형상 사라질 때 마음도 사라진다.
젖은 몸은 본래 무너지지 않나니
거울의 본체는 항상 밝기 때문이다.

파랑이 본래 공하니
그림자 스스로 고요함에 들어간다.
그러므로 알라. 부처님 지혜는 거울과 같다.
세계의 우주에도 세계가 공하다.

범부는 몸과 마음 망녕되어서
그림자 같고 역시 형상 같나니
이 끝을 잡고 근본이라 하면
망으로써 진을 삼는 격이다.

허응당 보우대사(虛應堂 普雨大師)　139

이것을 일러 모른다고 하고
도적을 제자식으로 삼는다 한 것이다.
아난이 이런 마음에 집착하다가
부처님께 꾸지람을 받았다.

만약 망녕된 마음이 일면
절대로 저것을 따라가지 말라.
만약 이와같이 수행한다면
천상이나 인간 세계를
마음대로 따라 태어날 것이다.
〈뇌암잡저, 소승들의 물음에 답했다〉

다음은 수월도량에 공화불사다.

3. 수월도량에 공화불사
(水月道場 空華佛事)

어떤 사람이 물었다.

"듣건대 재를 열어 부처께 공양할 때는 비록 진언을 외위면서도 원관(圓觀)을 해야 한다 하는데 옳습니까?"

"옳다. 지성스런 마음으로 법회를 열되 비록 도량이 정비하였다 하더라도 반드시 원관을 해야 한다."

"그렇다면 관을 짓는(作觀) 방법을 가르켜 주십시오."

"관(觀)은 보는 것이 멀리 통달함을 말하는 것이고, 원(圓)은 보는 것이 기울거나 막힘이 없어 두루 두루 널리 차있음(滿)을 말함이니, 지혜로 비춰 보는 것을 원관(圓觀)이라 하며, 또는 정관(正觀)이라 한다. 또 알음알이(識)로 구별하는 것이 기운 소견인 편견(偏見)이며, 또는 사견(邪見)이라 말한다."

"지혜로 비춰 보는 것을 정관이라 하고 알음알이로 구별하는 것을 사견이라 한다면 지혜(智)와 알음알이(識)의 두 단어를 분명하게 지시하여 주십시오."

"대체로 지금 눈앞의 천지간 일체의 빛과 일

체의 소리는 모두가 나의 청정한 마음으로부터 들어난 물건이거늘 우리들 중생은 이 이치를 알지 못하여 각기 다른 모습이라 하고, 저 일체의 소리를 듣고 각기 다른 소리라 한다. 다만 하나하나를 구별하여 알고 온전하게 하나의 빛 하나의 소리를 모두 알음알이로 구별한다. 이를 사견이라 한다. 또 저 빛과 소리가 비록 백천만억의 여러 가지가 있어도 전부가 다른 물건이 아니라 한 마음 위에 들어난 물건으로서 각기 제 빛 제 소리임을 알아 분별을 하지 말고, 비추어 보아 바로 밝은 거울이 만물을 비추듯이 한다면 지혜로 비추는 것이니 이를 정관(正觀)이라 한다. 왜냐하면 '사견의 인연은 일만의 악을 낳고 정관의 인연은 일만의 선을 낳기 때문이다."

"제가 일찍이 법체의 실상을 보는 것이 정관이라는 말을 들은 적이 있지마는 실지로는 이해를 못하다가 지금 스님의 말씀을 듣고 온갖 법체가 한 마음이니 원래 실다운 모습임을 문득 깨달았습니다. 과연 지혜로 살피면(智觀) 마음과 법체가 둘이 아님을 알 뿐만 아니라, 옛날 영산의 수승한 모임이 지금까지도 엄연히 해산되지 않았으니 모든 소원과 요구를 어찌 원만하지 않을까 걱정하리요. 한 번 예를 올리고 한 번 절함에 항하사 모래 같은 부처께서 감동한다 할 수 있으며, 하나의 향불과 하나의 꽃으로 시방의 모든 성인께 이바지할 수 있으며, 반 구절 반 게송으로 한없는 중생을 제도할 수 있다 하겠습니다. 그러하다면 이 원관을 법사(法師)가 힘써야 할 것입니까. 증사(證師)가 힘써야 할 것입니까?"

"법사는 다만 생각 없음(無念)으로 책을 펴서 법문을 말하지만, 증사는 잠잠히 바른 지혜(正智)로 생각을 움직여 관을 짓는다(作觀)."

"내 듣건대, 증사는 잠잠히 앉아 혹은 조주의 무(無)자 화두를 들기도 하고, 혹은 한 생각도 내지 않는 마음으로 앞과 뒤를 단절하는 곳에 머물러 있지만 법사는 관(觀)과 상(想)을 겸해서 짓는다 하니, 이 의미는 무엇입니까?"

"그렇지 않다. 오늘날 말하는 법사는 진제(眞

諦)를 표현한 주인인 석가세존이고, 증사는 속제(俗諦)를 표현한 주인인 유마대사이니, 증사라는 이가 어찌 마음이 없이 다만 자리에만 앉아 있겠는가. 이치(理)에도 의롭고 일(事)에도 없다 할 만하니 기운은 있어도 죽은 사람이라는 꾸지람을 면할 수 없게 될 것이다. 이에 일(事)과 이치(理)를 곧바로 각기 논증한다면, 진제는 이치의 본체인지라 진제의 주인은 의당 비야리성에서 입을 닫아야 하고, 속제는 일의 활용인지라 속제의 주인은 영산에서 법을 설해야 옳다. 그렇다면 마치 궁(宮)의 음계(音階)는 저절로 궁이고, 상(商)의 음계는 저절로 상이듯이, 일과 이치가 각기 독립되어 서로 융합되는 적이 없어 만물이 나서 이루어질(開物成務) 수가 없게 된다. 그러므로 석가가 영산에서 설법하신 것은 진제의 표현에 속제를 구비한 것이다. 그러나 진제는 원래 말이 없는 것이기 때문에 오히려 이르기를 '녹야원으로부터 발제하에 이르기까지 이 두 중간에 한 단어도 말한 적이 없다' 하신 것이다. 또 유마가 비야리성에서 입을 닫았다 함은 속제를 표시함에 있어 진제를 구비한 것이다. 속제에는 말이 없을 수가 없기 때문에 역시 이르기를 '비야리성 안에서 우레처럼 말했다'한 것이다. 내가 저으기 의아하건대 법사는 입은 비록 말하지만 정이 인연에 매달리지 않아서 참다운 공(空)으로 잠잠하지만, 증사는 혀는 비록 움직이지 않으나 마음에 원만한 관(圓觀)으로 굳어 오묘한 유(妙有)를 들어낸다. 또 방위를 가지고 설명하리라. 동방은 움직이는(動) 것으로 만물이 생겨나는 곳이라. 증사가 말없이 동쪽으로 앉은 것은 움직임에 즉멸하고서도 움직임이 없음을 보인 것이다. 서방은 고요한(靜) 것으로 만물이 죽어가는 방위인데 법사가 말이 있으면서 서쪽으로 앉은 것은 정을 표시하면서 정이 아닌 것이다. 대체로 성인의 한 번의 말씀, 한 번의 침묵, 한 번의 동작, 한 번의 정지가 어찌 헛된 것이겠는가. 이로 추정해 보면 서해에는 조수의 밀물 썰물이 있고, 동해에는 조수의 밀물 썰물이 없는 것을 또 알 수가 있지 않겠나."

"그러면 이제부터 재올리는 글(齋文)을 가지고 차례차례 묻겠습니다. 법사가 여러 대중과 여러 시주를 거느리고 법당에 올라 합장 공경하여 함께 황금 불상의 높은 용안을 첨례하고 조용히 둘러서면 이에 종(鍾)·북(鼓)·징(鉦)·나팔(螺)·방울(鈸)·경쇠(磬)의 6가지 악기가 동시에 작동할 때 증사는 어떻게 관을 합니까(作觀)."

"이 6가지가 다 작동하여 소리가 법계를 진동하거늘 도량의 대중과 및 시방세계의 한없는 중생이 다 무명(無明)을 깨치고 본래의 밝음(本明)을 얻을 것이다."

"경쇠를 치고 방울을 울리고 종을 울리고 징을 치고 큰 나팔을 불고 큰 법고를 치는데, 무슨 이유로 원근에서 듣는 이가 모두 무명을 깨고 다 본명을 얻을 수가 있습니까?"

"이 6가지를 영산의 모임에서 땅의 상서인 6가지가 진동함을 표시함이니 일(事)로 이치(理)를 표현하는 것은 예나 지금도 같은 방법이다. 이제 이 법회 중에 6가지 법악(法樂)이 동시에

크게 작동하여 천지를 진동할 때에 그 마음이
어떠하겠느냐. 듣는 모든 이는 마음이 모두 정
적으로 들어 육식(六識)의 알음알이가 다 비어
(空) 한 마음만이 홀로 들어난다. 이 홀로 들어
날 때를 당하여 홀로 들어나는 상상(想)이 없겠
는가. 다만 비고 밝으나 공하지 않은(虛明不空)
본체가 담담하게 원만히 비출(湛然圓照) 뿐이니
이것이 어찌 무명을 깨치고 본명을 얻는 곳이
라 말하는 것이 아니겠느냐.”

“향을 올리라 말하고 또 등을 켤 때는 어떠
합니까?”

“상상컨대, 지금 이 향불 구름이 다섯 갈래
의 진실한 향으로 변하여 두루 시방 법계를 훈
훈히 하거늘 시방에 상주하는 삼보의 부처께서
는 큰 자비로 나와 남을 다 5분 법신을 이루게
할 수 있다.”

“등불을 켤 때는 어떠합니까?”

“상상컨대, 지금 이 비함원(悲含願)으로 켠
불이 보리심의 등불로 변하여 법계를 두루 비
추거늘 시방에 상주하는 삼보의 부처님이 큰

자비로 중생으로 하여금 모두 부처 이루는 바른 인연(正因)을 이루게 하실 것이다."

"꽃을 바칠(花偈) 때는 또 어떠합니까?"

"상상컨대 지금 이 삼밀(三密)의 오묘한 힘으로 닦은 한없는 좋은 일로 다 원만케 하시느니라."

"무슨 까닭으로 하나의 향기 하나의 등불 하나의 꽃이 다함없는 무진을 이루어 모두 시방에 두루할 수 있습니까?"

"이것은 괴상한 일(事)이 아니고 이치(理)가 이와 같기 때문이다. 너는 마음을 비우고 내 한 마디 말을 들어라. 대체로 하나의 마음이 만물의 오묘한 본체(妙體)요, 만물은 한 마음의 신통한 활용(神用)이다. 마음 밖으로 만물이 없고 만물 밖에 마음이 없어 마음이 곧 만물이고, 만물이 곧 마음이다. 본체와 활용이 원만 융합되어 마음과 대상이 막힘이 없기 때문에 저 세 갈래(三般)의 신통한 활용이 한 마음의 원관을 따라 하나가 한량없는 무량이 됨을 오히려 의아할 것이 없거늘 더군다나 저 부처 힘의 신통한 공력이겠는가.”

　“삼귀의(三歸依) 할 때는 또 어떠합니까?”

　“상상컨대, 삼보(三寶)에 귀의하는 자는 모두 지비(智悲 : 불·보살)의 제도를 입어 삼도(三途)의 지극한 괴로움을 다 소멸시키고 다 하나의 법성(一性)의 묘약을 얻을 수 있다.”

　“무슨 이유로 이와 같은 오묘한 이익(妙益)이 있습니까?”

　“귀의라 함은 사악함을 돌려 올바름으로 돌아가는 뜻이니, 부처께 귀의하면 사악한 스승에게 돌려 바른 스승을 섬기는 것이고, 불법에 귀의하면 사악한 법을 되돌려 바른 법을 닦는 것이고, 스님에게 귀의하면 사악한 반려자에게 되돌려 바른 벗을 따르는 것이다. 이미 사악함을 돌려 올바름으로 돌아올 수 있다면 한 법성의 즐거움이 저절로 나타나서 삼도(三途)의 괴로움이 저절로 소멸됨을 알 수 있을 것이다. 왜냐하면 지금 부처께 귀의할 때 곧 여래가 반야의 덕으로 은밀히 간직(加持)함을 입어, 곧 중생으로 하여금 원래 가지고 있는 3가지 지혜

(三智)를 한 생각에 원만히 깨닫게 할 것이다.
불법에 귀의할 때는 곧 여래가 법사의 덕으로
은밀히 간직하게(軌持) 하여 곧 중생으로 하여
금 원래 가지고 있는 삼제(三諦)를 한 생각에
원만히 들어나게(圓顯)하실 것이다. 스님께 귀
의할 때는 곧 여래가 해탈의 덕으로 은밀히 보
호함을 입어 곧 중생으로 하여금 원래 가지고
있는 지혜가 서로 화합하여 한 생각에 원만히
이루게 할 것이다. 이미 위 아래의 이치가 곧
두루했기 때문에 이 감응의 도리가 어긋남이
없는 것이다.”

“향불로 올릴 때에는 어떠합니까?”

“상상컨대, 이 향불 연기가 널리 3천대천세
계를 덮어 두루하지 않음이 없으니 소유하고
있는 시방에 상주하는 삼보가 큰 자비로 이 믿
음의 향기를 맡고 모두 도량으로 내려온다.”

“관음보살 앞에 물을 빌 때는 어떠합니까?”

“상상컨대, 큰 보살(大士)이 단정히 도량에
앉아 눈썹 사이의 광채를 펴내어 이 물 속으로
들어 성스런 활용을 펴시느니라.”

"이 불법의 물(法水)을 3번 돌며 도량의 안과 밖에 뿌리는 것은 어떠합니까?"

"법수가 이르는 곳은 모두가 경계를 이루어 도량의 안과 밖이 다 청정하여 영원히 더러움이 없느니라."

"지금 법수로 도량을 청결하게 하되 반드시 3번으로 한함은 무엇입니까?"

"3번 도량을 정결히 한 뒤에 모든 부처를 받들어 청하려는 것이다."

"도인의 말씀으로 살핀다면 더러움과 정결함이 둘이 아닌지라, 진작 정결하게 할 수 있는 물도 없고 역시 정결하게 할 장소도 없거늘, 어찌 정결하게 하여야할 일이 반드시 3번에 이르러야 합니까. 멀고 가까움이 한 경계이고, 중생과 부처가 한 몸(同體)이라 원래 부르고 청할 사람이 없으며, 또 초청을 받을 부처도 없는데 이에 청한다는 말이 있는 것은 또 무엇입니까?"

"대체로 청정국토의 오묘한 경계는 더럽고 깨끗함이 둘이 아니며, 법신의 참 본체는 멀고

가까움에 막힘이 없지마는 오직 우리들 중생의
알음알이 마음은 스스로 무겁고 스스로 국집되
었기 때문에 성인께서 일에 따라 법을 들어낸
것이다. 처음 불전 앞에서 한 번 도는 것은 중
생의 물든 인연(染緣)을 소멸시키고, 또 한 번
도는 것은 알음알이 마음에 막힌 한계를 물리
친 것이고, 뒤에 외곽으로 한 번 도는 것은 법
계의 참 경계로 확대시키는 것이다. 3번 정결
하게 한 뒤에 도량이 길이 정결하며 모든 부처
가 구름처럼 모이는 것은 뭇 물들어 있는 인연
(染緣)과 막힌 마음(碍心)이 이미 다 사라지고
참 경계가 이미 확대되면 시방의 모든 부처가
바로 그곳 앞에 나타난다.”

“위로 부처님 법보를 청할 때는 어떻게 합니
까?”

“상상컨대, 시방에 상주하시는 일체의 대여
래께서 모두 법보의 자리에 앉아 상의 없이 오
서서 허공에 가득 찬 대중의 감화에 굽어 응답
하시느니라.”

“법보를 청할 때는 어떠합니까?”

"상상컨대, 시방에 상주하시는 일체의 모든 부처가 설하신 경전이 법계에 충만하여 문장마다 글자마다 들어나지 않음이 없어서 중생의 마음에 안찍히리라."

"승보를 청할 때는 어떠합니까?"

"상상컨대, 시방에 상주하시는 일체의 큰 보살과 성문연각의 모든 큰 성현들이 혹은 꽃자리를 타고 혹은 엄숙한 몸가짐으로 허공으로부터 와서 뭇 기밀에 응답하시리라."

"자리를 드릴 땐 어떠합니까?"

"상상컨대, 위로 불·법·승의 존자들이 모두 보배의 연꽃 자리에 앉아 함께 밝은 광채를 내어 모든 중생을 비추느니라."

"공양을 드리고 돌보심이 음식으로 변할 때에는 또 어떠합니까?"

"상상컨대, 드린 맑은 향기와 보배꽃과 난초 등불, 오묘한 약, 이름난 차, 신선 과일과 갖가지의 보배 음식이 각기 보배 그릇에 가득하거든, 각기 하나하나의 보배 그릇에 다함 없이 생길 것이니, 하나의 그릇이 일만의 그릇으로

변하고, 일만의 그릇이 변하여 한량없고 가없
는 그릇으로 변하여 법계에 충만한다. 또 모든
바르게 귀의한 장엄한 한 법체와 모든 모습이
모두가 오묘한 공양이 되어 일시에 시방의 삼
보와 하늘 신선 성현의 앞에 공양하리라.”

“무슨 오묘한 힘을 입어 이제 이렇게 받든
갖가지 공양의 도구가 각기 무량으로 변하여
함께 오묘한 공양이 됩니까.”

“일체의 모든 법이 한 마음의 본체를 갖지
않음이 없어 한 마음의 활용으로 일어난 것이
니 마음과 법이 둘이 아니니라. 오묘한 변화가
한량이 없어 오히려 생각할 수 없는 부사의한
것이거늘 하물며 한 생각에 우리 부처님이 설
한 것을 가져 외워 무량한 위엄의 덕이 자재하
고 수승 오묘한 힘이 먹이 다라니(食陁羅尼)로
변함이랴. 지금 이 변식(變食)의 주문 하나에
세 덕(三德)이 갖추어져 있으니, 한량없는 위엄
의 덕이 자재로움은 해탈덕(解脫德)이고, 밝은
광채는 반야덕(般若德)이고, 수승 오묘함(勝妙)
은 법신덕이다. 다라니는 모두 갖춤(摠持)을 이

름한다. 삼덕과 총지가 다만 한 마음에 있으니 한 마음과 삼덕이 법으로 원융 오묘하여 따로이 본체가 있는 것이 아니다. 이로 말미암아 마음이 곧 주문이요(心卽呪), 주문이 곧 음식(呪卽食)이다. 본체와 활용이 사이가 없기 때문에 한 그릇의 밥에 일체 한 없는 우유같은 아름다운 맛이 돋아나며, 하나하나의 맛에 역시 향기 꽃 등불, 차 과일, 진미 음식, 하늘 옷 구슬 영락, 뭇 보배 수레 같은 일체의 복식 활용과, 종·북·징·나팔·방울·경쇠·난새·통소 같은 일체의 오묘한 소리와, 흐르는 샘, 목욕의 못, 꽃, 과일을 동산 숲 광채나는 누대 전각 일체의 거주처와, 다시 하나하나의 아름다운 맛과 하나하나 복식 활용과, 하나하나의 거주처에 말로 다할 수 없는 한량없고 가이없는 일체 오묘한 공양이 돋아나 두루하지 않음이 없음이 마치 하나의 그물 구슬의 일천 빛이 서로 비쳐 하나와 많음(一多)이 서로 비추듯 하느니라. 이것이 비록 삼덕의 오묘한 활용이기는 하나, 만약 원관(圓觀)의 융통과 진언의 비밀이 아니라면 어떻게 이와 같이 되겠는가.”

“감로수를 가지고 있을 때 어떠합니까?”

“상상컨대, 이 법의 물이 곧 감로의 오묘한 맛이 되어 두루 식당으로 오르느니라.”

“수륜관(水輪觀)을 가질 때 어떠합니까?”

“상상컨대, 이 감로수가 물의 수레를 이루어 법계로 두루 흐를 수가 있다.”

“젖 바다를 가질 때 어떠합니까?”

“상상컨대, 모든 허공에 두루한 법계가 모두 젖 바다를 이룬다.”

“내가 지금 매양 총림의 재 올리는 자리를 보니, 밥을 주문(呪文)하고 물을 주문할 때를 당하여 법사가 모두 재단 앞으로 나와 서서 팔뚝을 걷고 공양의 기구 위에 물을 뿌리지 않는 이가 없으되, 그 방법이 만 가지로 같지 않으니 알 수 없습니다만, 이것은 또 어떻게 된 것입니까?”

“말하기 어렵구나. 전날 재계 궤도에도 일정한 제도가 없고 뒷날 재계 궤도에도 일정한 제도가 없으니, 장차 어떤 전거에 의지하여 그

법을 정하리오. 그러나 멈추지 말고 이야기하
라 하면, 모름지기 손잡는 결수(結手)의 인법(印
法)을 따라야겠구나. 비록 이와 같으나, 고금의
일이 의리에 해가 되지 않는 것은 세속을 따라
도 좋다 했으니, 지금의 행사를 따라 절충해서
말하리라. 식사에 주문을 할 때 법사가 단 앞
으로 나와 서서 오른손의 무명지로 단 위의 정
결한 그릇을 향하여 범어 글자의 @옴 @안 2
자를 쓰고 드디어 손가락으로 공양의 기구 위
로 돌린다. 다음 물에 주문할 때에는 정한 물
로 향을 훈질하여 감로의 법수를 만들어 음식
위로 뿌리되 모름지기 3번 돌게 하고, 다음 물
수레 주문을 할 때는 범어 글자의 @밤 자로
다함없는 감로수에게 흘려 내어 공중으로 뿌리
되 역시 3번 돌아 둥글게 한다. 다음 젖 바다
의 주문을 할 때에는 다시 물그릇을 놓아두고
가슴에 닿게 합장을 하고 주문이 끝나기를 기
다려 물러난다.”

“두루 공양(普供)을 마치고 경을 독송하고 축
원을 드릴 때엔 어떻게 관을 지어야(作觀) 합니

까."

"상상컨대, 앞에서 해온 바는 받드는 하나하나의 공양이 모두 재물의 시주이고, 지금 대승을 독송함은 이에 법시이니, 재물은 생명을 기르는 것이고, 불법은 불성을 여는 것이라. 두 보시가 아울러 운용되어야 이에 좋은 법석(法席)이니 재물 외에 법이 없고, 법 외에 재물이 없다. 두 보시가 평등하여야 모두가 곧 삼제(三諦)이니라. 이 상상을 지을 때 같은 날에 큰 보시를 장만한 시주와, 모든 기쁨을 따르는 수희인으로 보고 듣는 이가 독송과 주문을 따라 모두 다 이롭고 즐거움을 입어 함께 소원을 이룬다. 이것이 대략이니 일에 따라 상상으로 운용함이 역시 옳겠다."

"오늘의 문답이 비록 우연에서 이루어졌지만, 그러나 말씀이 성인의 말씀에 연관되는지라 원컨대 이름을 붙여 깨닫지 못한 이를 일깨움이 어떠하겠습니까?"

"한 번 묻고 한 번 대답함은 손님과 주인의 일상적 도리이고 스스로 자랑하는 자신의 어리

석음은 고금의 웃음거리이다. 억지로 이름을
붙인다면 「수월도량공화불사여환빈주문답」이
라 하라.

4. 왕랑반혼전(王郎返魂傳)

　왕랑의 성은 왕(王)씨이고 이름은 사궤(思机)
인데, 길주(吉州) 사람이다. 나이 57세에 아내
송(宋)씨를 먼저 여의고, 송씨가 죽은 뒤 11년
만에 깊은 밤중에 죽은 송씨가 창문을 치며 말
했다.
　"낭군은 주무십니까?"
　"누구요."
　"낭군의 아내 송씨입니다. 긴요한 일이 있어
잠깐 전하러 왔습니다."
　왕랑이 깜짝 놀라 괴이하게 여겨 물었다.
　"무슨 긴요한 일입니까?"
　"내가 죽은 지 열한 해가 되었는데, 나의 생
전의 죄를 묻는 일을 아직 끝내지 아니하고,

그대를 기다려서야 판결을 내리려고 합니다. 염라대왕이 서로 의논함이 오래 지났는지라, 내일 아침에 그대를 잡으러 갈 사신 다섯 명이 올 것이니, 그대 집 가운데 아미타불 그림을 서쪽 벽에 높이 걸어 두고 그대는 동쪽에 앉아 서쪽을 바라보고 아미타불을 염하시오."

"명관(冥官)이 무엇 때문에 나를 잡아 간다 하십니까?"

"우리 집 북쪽 이웃에 사는 안노숙(安老宿)이 매일 이른 새벽에 서쪽을 향하여 쉰 번 절하고 달마다 보름이 되면 아미타불을 염하기를 일만 번을 하는 것으로 업을 삼고 있었는데 당신과 내가 그것을 늘 비방하였더니, 이 때문에 잡아 가두어 나에게 먼저 죄를 묻고 그대를 기다려서 죄를 다시 물어 끝낸다 합니다. 우리들이 필연 지옥에 떨어지면 영영 그 지옥에서 벗어날 기약이 없을 것 같습니다."

하고 송씨가 즉시 돌아갔다. 이에 왕랑이 밝아오는 아침에 그 말대로 하고 지극정성으로 염불하였는데, 그 때 문득 다섯 귀신이 뜰 가운데에 와 서서 오랫동안 돌아보며 자세히 살펴 관찰하다가, 먼저 아미타불 그림을 향해 절하고 그 다음 왕랑을 향하여 절을 하거늘, 왕랑이 크게 놀라 자리에서 내려 답하려 절을 하였더니, 귀사(鬼使)가 말하였다.

"우리들은 명조(冥曹)로부터 명령을 받아 그대를 잡으러 왔는데, 이제 그대가 도량을 깨끗이 해놓고 단정하게 앉아 부지런히 아미타불을 염하니, 우리들이 비록 공경하지 않을 수 없기는 하나, 염라대왕의 명령을 피하기 어려우니, 비록 칙령(勅令)대로 행하는 것은 아니지만 잡아가지 않을 수가 없으니 엎드려 청하건대 함께 가시지요."

그때 귀신이 말했다.

"염라대왕이 영을 내리시기를, 저 왕랑을 엄하게 매어서 데려오라 하셨으니, 칙령대로 하지 않으면 염라대왕의 진노하심을 우리들이 가히 입을 것입니다."

나머지 귀신들도 말하였다.

"우리들이 많은 칙령을 받았으면서도 어진

도리를 닦지 못하여, 그런 까닭으로 지금까지 귀신보를 벗어나지 못하였으니, 차라리 죽을죄를 받을지언정 명령을 좇는다는 핑계로 감히 부처를 염하는 사람을 결박할 수는 없다.”

우두머리 귀신이 왕랑더러 말했다.

“그대가 비록 죄를 범한 것이 산과 같아서 반드시 지옥에 들어가야 할 것이지만, 우리들이 본 바를 염라대왕께 잘 아뢰면 반드시 인간세상으로 돌아 오리니, 그대는 슬퍼하지 마소서. 그대가 만일 극락에 태어나거든 우리들 저승사자를 잊지 마소서.”

그리고 또 말했다.

“그대가 만일 연화국(蓮花國)에 태어나거든 우리 무리들을 염(念)하여 귀신보를 벗어나게 하소서.”

그리하여 명조에 가니, 염라대왕이 칙사더러 화를 내며 말했다.

“빨리 잡아매어 오라 하였더니, 어찌 이리 늦게 오는가?”

저승사자가 자신들이 본 바를 빠짐없이 말하

니, 염라대왕이 자리에서 일어나 서서 말했다.

"좋구나, 왕랑이여. 어서 섬돌 위로 올라오소서."

시왕(十王)이 모두 절하여 말했다.

"남편과 아내가 일찍이 늘 안노숙이 염불하는 일을 비방하더니, 부인 송씨를 먼저 가두고, 왕랑에게 마땅히 물어 악도에 떨어뜨리라 하여 이제 지극히 사나운 저승사자를 시켰는데, 저승사자가 본 바를 들으니, 그대가 마음을 고쳐 참회하고 부지런히 염불하니 무슨 죄가 있으리오."

염라대왕이 게송으로 노래 불렀다.

西方主彌陀佛　　　此娑婆別有緣
서 방 주 미 타 불　　　차 사 바 별 유 연

若不一念彼佛　　　冥曹猛使難降
약 불 일 념 피 불　　　명 조 맹 사 난 강

서방정토의 주인이신 아미타불은
이 사바 세상과 특별한 인연이 있으니

만약 한결같이 저 부처를 염하지 않으면
저승의 사나운 사자를
항복시키기가 어려우리라.

염라대왕이 또 말했다.
"부부를 인간 세상에 도로 보내어 남은 목숨
이 서른 해이거늘 거기에다가 나이를 예순 살
을 더하였으니, 부지런히 닦아 정진하여 아미
타불을 염하면 오래지 않아 저 서방정토에 가
시리니, 우리들 시왕(十王)도 다 서방정토에 갈
수 있게 하소서."
염라대왕이 조정의 최판관에게 명했다.
"왕랑이 도량을 만들고 간절히 염불하니 이
전에 범한 '무간지옥에 떨어질 죄'가 이제 이미
흩어져 없어지고 오직 염불의 공덕으로 남편과
아내를 함께 인간 세상에 돌려보내어 함께 늙
어 가고 서로 한곳에 머물면서 부처를 염하게
하겠다. 그런데 부인 송씨가 목숨이 끊어진 지
오래 되어 가죽과 뼈가 흩어져 없으니 혼령을
어느 곳에다 의탁할까."

　최판관이 왕의 명을 듣고서 염라대왕의 뜻에 따라 왕랑에게 절하고 말했다.

　"남편과 부인 일에 대하여 대왕께 아뢰되, 월지국 옹주(翁主)가 주어진 목숨이 스물한 살인데, 목숨의 기한이 이미 다한 까닭으로 혼(魂)이 이제 여기에 와 야마천(夜魔天)의 업보가 이미 다하여 하늘 위에 환생하리니, 그 몸이 온전한 상태이니 송씨의 혼을 옹주의 몸에 의탁하여 도로 환생하게 함이 가히 마땅할까 합니다."

　염라대왕이 기뻐하며 말했다.

　"낭군 부부가 이 원을 잊지 아니하면 서방정토에 빨리 나시리니, 그대들은 자세히 들으시오. 그대의 집 북쪽에 사는 안노숙을 감히 비방하지 말기 바랍니다. 이 몸을 받은 이래로 늘 서방정토를 존귀히 여기니, 이것이 이 공덕을 불러들이므로 그러므로 여러 부처와 제천(諸天)이 늘 지켜야 할 것입니다. 그대는 늘 공양하기를 부모같이 하시고, 그대께 청하노니, 우리들의 안부를 안노숙께 전하여 아뢰소서.

도체(道體)가 어떠한가. 날로 새롭게 견고하시
니 3년만에 한 번씩 3월 초하룻날이면 서방정
토의 교주께서 붉은 금 연꽃자리를 준비하고서
그대를 맞이하여 서방정토 윗자리에 가서 태어
나게 할 것이오.”

  하고 말을 마치니, 도로 본 집에 돌아와 집
사람들이 장례를 치르고자 할 때 왕랑에게 노
래 불렀다.

　　　滿堂妻子與財珎 이
　　　만 당 처 자 여 재 진

　　　受苦當時不代身 로다
　　　수 고 당 시 불 대 신

　　　一念彌陀消罪報 니
　　　일 념 미 타 소 죄 보

　　　還生延命更修眞 호리라
　　　환 생 연 명 경 수 진

집에 가득한 처자와 재물 보배는
고통을 받는 때에는

이 몸을 대신하지 못하리로다.
한결같이 아미타불을 염하는 것이야말로
죄의 업보를 태워 버리나니,
도로 환생하여 목숨을 연장하여
다시 참된 도를 닦으리로다.

송씨는 옹주의 몸에 의탁하여 도로 환생하니, 왕과 부인이 기뻐할 때 옹주로 태어난 몸이 위의 일을 갖추어 말하니, 왕이 탄식하고 왕랑에게 조서(詔書)하여 이르기를,

"나는 과거에 잠깐도 이런 일을 보지 못하였으니, 이른바 꿈 중의 상서(祥瑞)로다."

"송씨가 열한 해 사이에 다른 친족을 생각하지 않고 오직 지난날의 믿음을 가져서 이에 다시 친족을 만나리로다."

하고 기뻐하며 물러가 목숨 일백마흔일곱 해를 연장하여 산 후에 함께 극락국에 왕생하였다.

5. 원공결사전(遠公結社傳)

동진(東晋) 때 스님 혜원(慧遠)법사는 안문(雁門) 사람이다. 여산에 살면서 유유민(劉遺民)을 비롯한 스님과 속인 백스물세 사람으로써 연사(蓮社)를 조직하고 정토를 닦아 이르기를,

"내세에 연화세계에 왕생하자"

하였다. 유민이 글을 지어 기렸는데, 한 선인이 구름을 타고 와서 법을 들으며, (혜원법사의 무리가) 청정한 소리로 아룀을 허공중에서 감득하고 오랫동안 느꼈다.

혜원법사가 마음을 맑게 하여 바라보며 생각하니, 처음 12년 동안에 성인의 모습을 세 번 보았으되, 원공 자신이 침후(沈厚)하여 밖으로 말하지 않았는데 나중 일곱 달 동안 또 아미타불의 몸이 허공에 가득한 것을 보며 둥근 광명 가운데 여러 화불(化佛)이 계시며, 관음보살과 세지보살이 좌우에 모셔 있으며, 또 물 흐르는 것과 같은 빛이 열네 갈래로 나뉘어 한 갈래마다 물이 아래위로 흐르게 부어서 자연히 고(苦)

가 공(空)하여 무상(無常) 무아(無我) 법을 설하시는 것이 <십륙관경>의 말씀과 같았다.

부처님께서 혜원법사에게 일렀다.

"내가 본래 품었던 원력으로 이렇게 와서 너를 위로하노니, 7일 후면 반드시 나의 나라에 왕생하리라."

또 보니, 승려 불타야사(佛馱耶舍)와 혜지(慧持)와 담순(曇順)이 부처님 곁에 서서 앞에 서 있는 혜원법사에게 절을 하면서 말했다.

"법사의 뜻은 저희들보다 앞섰는데, 이곳에 오심은 어찌 늦으셨습니까?"

혜원법사가 그제서야 모든 일을 분명하게 기억해 내고, 이에 그 무리와 더불어 이야기를 나누고 또 일렀다.

"처음에 내가 이곳에 있으면서 복이 많아 정토에서 아미타불의 모습을 세 번 뵙고 이제 또 뵈오니, 내가 정토에 왕생한 것이 이미 결정되었구나."

하고, 바로 그 다음 날에 병이 들어 일곱째 날에 이르러서는 성중이 멀리서 맞이하시는 가운데 고요히 화생하니, 때는 의희(義熙) 12년 8월 6일이더라. 그 자리에 모여 있던 백스물세 사람이 차례차례 다 정토에 왕생하였다.

동진(東晉) 시대 궐공(闕公) 측(則)은 혜원법사가 만든 백련사에 속하였던 사람이다. 그가 이미 죽어, 그 벗이 동경(東京) 백마사(白馬寺)에 가서 기일 제사를 지내는데, 수풀의 나무와 절간 집들이 다 금빛으로 변하고, 허공에서 소리가 났다.

"나는 궐측(闕則)인데, 기도를 하여 극락 보배 나라에 왕생함을 이제 이미 이루었으므로, 그러므로 와서 알리노라."

그 이후로는 소식이 없었다.

인암스님의 병승일지(病僧日誌)

인암스님은 송광사 주지(1967년)다. 1908년 낙수에서 태어나 18세에 출가, 일생을 송광사 속에서 살다가 송광사에서 돌아가신 분이다. 내가 처음 출가하여 입산 하였을 때는 조추강 스님의 법제자로 나에게 송광사의 내력을 구체적으로 설명해 주신 인로왕보살이다.

스님께서 일생동안 모아 놓은 시조를 제자 보휘가 송광사 시조시로서 엮어 낸 일이 있는데, 최근에 불교출판사로부터 입수하여 읽어보니 그의 병상일기가 특히 많은 사람들의 가슴을 울리게 하고 있기 때문에 그 일부를 여기 소개코자 한다.

1. 그리운 산천

눈을 뜨면 등망봉(登望峰)
눈 감으면 시루봉(甑峰)

조계산에 올라서서 산허리에 매달리니
별안간 도는 구름 몸을 선뜻 감는구나.

연화봉 등산길로 천자암에 올라가니
대장봉 높이 서서 만산을 호령한다.

선암사 가는 길에 다래 머루 따 먹던 일
억새풀 바람 속에 아른 아른 나타난다.

점심 밥 짊어지고 행건치고 짚신 신고
죽장망해로 들어가니 장밭골 처녀지에
배바위가 우뚝 섯네.

일곱등 차례차례 국사님탑 돌던 마음
탑신에 날과 달이 얼마나 비쳤든가

푸른 이끼 천년향기 세월을 일러주네.

조계산에 봄이 오면 욕계 색계 무색계 꽃
귀공산(松光山)에 여름 오면 솔바람에 옥수소리
광제산(松廣山)에 가을 오면 주홍빛 울긋불긋
눈 속에선 찬 달빛이 온 세상을 비치는구나.

아침에는 물구름 낮에는 풍경소리
저녁에는 노을빛이 질락대를 비추 운다.

뜰 앞의 백일홍은 백일기도 상징하고
팔려온 실토건백 수절지켜 우노매라.
박맹의 편백나무 초토의 장군이요
상사난 겨울 향기 겨울 속의 미인인가.

부자 싫고 가난 좋아하는 이 뉘 있으리
봄 여름 꽃을 심어 앞 뒤뜰에 가득하니
이러한 산중 부자 어디가 보겠는가.

철부지 아이들은 나무 꺾어 장식하나

산새들은 슬피 울며 풍우에 시달린다.
아침에 피었다가 저녁에 지는 님아
네 이름이 채송화냐 새 얼굴이 나는 좋다.

열린 문을 닫지 마라 바람님이 막힐세라
달빛마저 왔다 갔다 그림자가 새롭구나.
새들아 울지마라 가다가 날 저물면
한 길(正)에서 자고 가자
여덟 길(八正道) 여섯 골목(六婆羅蜜)
허공으로 다 통한다.

백겁 천겁 쌓고 쌓아 법계에 두루하니
황금 땅 보리수가 눈앞에 즐비하다.
대비전 궁전 앞에 사자좌 높이 놓고
삼천대천 오르던 일 나는 벌써 잊었는가.

육십갑자 길이 막혀 계해년이 원망된다.
봄에는 향봉(香峰)가고 가을에는 취봉(翠峰)가고
이제는 구산(九山)떠나 나 혼자만 남았으니
해마다 저문 날에 미친 바람 휘 갈겨도

등치에 기염 없으니 뿌리마저 뽑을 손가.

가을 물은 푸르다가 들판을 떠나가고
겨울바람 쌩쌩해도 하늘 멀리 사라진다.
반백년 부질없이 겉모양만 살피다가
속 단속 눈가림에 청산마저 웃는구나.

묻노라 일평생을 그림자만 딸은 내가
그림자 가고 나면 어디로 갈 것인가
눈 귀에 분별시비 모두 다 던져내고
창 밖에 부는 바람 하늘 끝에 날으리라.

공연히 왔다가 공연히 가는 인생
오늘이 그날인가 내 가는 날이 이 아닌가.
가만히 지팡이 짚고 구름 따라 가노라.

2. 죽장망혜(竹杖芒鞋)

늙어서 할 일 없이 주척주척 걷다보니

낙숫물 강물 되어 깊이 속에 들어갔고
삼기천(三岐川) 두물머리 어디인지 알 수 없네.

평촌교를 넘어서니 맑은 물이 시내 되고
벚꽃 따라 십리길을 콧노래로 걸어본다.

경대교(京岱橋) 교차점서 벌나비를 구경타가
정류장에 쉬고 보니 물소리도 잠잠하다.

외송교(外松橋) 머리에는 선비소가 뱅뱅돌고
피안교(彼岸橋) 도착하니 이 세상이 아닐러라.

송광교(松廣橋) 머리에는 직사봉이 솟아있고
시왕봉은 껴안은 듯 팔을 성큼 벌리신다.

운무(雲霧)를 헤치고서 극락교를 넘어서니
청량각(淸凉閣) 시원한 바람에
티끌세상 맑아진다.

사자등 넘어서니 통천(洞天)이 보이는데

이 세상 사람들은 보이지 않고
학들만이 나는구나.

자욱한 운무속에 시내소리 요란한데
숲 속에 솟는 연기 작설차(雀舌茶)의 내음인가.

하마비서 발 멈추고 일주문을 바라보니
조계산 옥류절경 현수막처럼 펼쳐진다.
물도 맑고 바람 맑고 달빛 밝아 3청인가.

청유대(聽流臺) 앉아보니 산정기가 싸늘하다.
거린소(踞隣沼)에 발 담그고 턱을 괴고 앉았으니
그림자 울렁 울렁 세상티끌 씻기운다.

척주당(滌珠堂)의 맑은 구슬
세월각(洗月閣)의 둥근 달 빛
사상산(四相山)을 청소하니
삼도해(三途海)가 무너진다.

우화각 맑은 바람 능허교(凌虛橋)를 만들어서

침계(沈溪) 우화(羽化) 삼청(三淸)
3절 명물이 분명하다.

육감정(六鑑亭)에 올라서서
삼광(三光)을 비쳐보니
똑 같은 한 가지 물, 불이 되고 집이 되네.

고기들이 천악마쳐 춤을 추며 유희하니
청향각(天香閣) 맑은 달빛 물속에서 울렁인다.

보조국사 꽂은 지팡이 8백년을 우뚝서니
향단백수(香檀白樹) 보는 이는
신비하다 혀를 찬다.

비사리로 구시빚어 대중 밥통 삼던 구시
팔 펴서 건너짚고 재어보며 웃어댄다.

4천왕 모신 문을 훨훨 털고 지나오니
맺히고 풀 것 없는 해탈문(解脫門)이 나타난다.

종고루 높은 곳에 북치고 종 울리니
귀머거리 듣게 되고 앉은뱅이 서게 된다.

목어는 울어대고 운판은 날으는 듯
수부중생(水府衆生) 깨우치고 날짐승도 깨달으니
당간지주 옛 석주에
백천보개(百千寶蓋) 나부낀다.

새로 지은 대웅보전 3존불께 예배하고
관음 지장 설법전에 낱낱이 참배한 뒤
나한 영산 약사전의 8상성도 찬탄할제
불이문 상사당서 죽비소리 요란하다.

원나라 왕자님은 3일만에 득도하고
16국사 국사전에 나란히 앉아 계신데
우리는 하사당(下舍堂)서
수선(修禪)이야기 나누었다.

불일문(佛日門) 차안당(遮眼堂) 영각을 거쳐
천장문을 썩 나서니 화엄전이 나타난다.

선재동자 구도보고 8만 법장 헤아린 뒤
불조전서 53불 성산각에 북두칠성
산천(山天)이 분명하니 별빛들이 영롱하다.

초하루 보름달을 낱낱이 점검하다
초팔일 달을 보고 도 깨쳤다 하지 않나

명성각(明星閣)에 이르러서 별 빛을 구경하고
시왕당에 올라가니 선악이 분명하다.

선열문(禪悅門) 해청당(海淸堂)
사자루(獅子樓) 법성요(法性療)

영성문(迎星門) 임경당(臨鏡堂)
염불문(念佛門) 도성당(道成堂)

영루(靈樓)에 달 구경하니
저 달이 날 따라 오네.

등교문(等橋門) 문수전(文殊殿)

적광전(寂光殿) 효봉탑(曉峰塔)

삼일천(三日泉) 감로탑(甘露塔)
성행당(省行堂) 시기문(尸棄門)

질락대에 올라서서 저녁 종소리 듣고 보니
부도심춘(浮屠尋春)이 인담폄주(印潭貶舟)로다.

수석정(水石亭)에 올라가서
조계만풍(曹溪晚風)을 바라보니
송대청설(松臺晴雪)은 천자암 쌍수(雙樹)와 마주
  친다.

극락이 어느 곳에 있느냐 물으니
모후산에 해가 떨어졌다

불일폭포를 바라보다가 이팝나무 풍년꽃
비전을 구경하고
감로암·불일암·자정암·광원암
청진암·보조암 터를 차례로 둘러보니

8백년 송광사 역사가 한 눈에 들어왔다.

장하다 조계산아
불조정법(佛祖正法)이 네 안에 품었구나.
이 강토를 지키면서 16국사 배출하니
풍우기상(風雨氣象) 억만년에
민족 얼까지 품었구나.

대대로 자손 모아 혈육을 길러나가면
그대 목숨 길이 길이 세계평화 이룩하리

3. 법왕자(法王子)

아버지 날 낳으시고 어머니 날 기르시니
응애(應哀)소리 요란했다.

3월 병아리라 나면서부터 가난했는가
장 닭이 천 마리면 봉이 으레 한 마리 라는데
이름은 봉록(鳳祿)인데 개만 눈에 보이는구나.

먹는 일 입는 일에 병약(病弱)까지 겹쳤으니
혹사(酷使)로 흑암지옥 눈앞이 캄캄하네.

누나들 날뛴 말에 인자(忍字)로 살아가다
절이라 찾아가니 인암(忍庵)이라 호를 주네.
추강(秋江)스님 발밑에서
난인난당(難忍難當) 살아가니
불자 된 보람으로 법왕자(法王子)를 자처했다.

애당초 몰랐으면 속지나 않을 것을
갖가지 유혹 속에 속아 넘어 살다 보니
천 닭 중에 봉 한 마리 다시 닭이 되는구나.

고삐없이 놓아 먹여 길 안들린 송아지로
남의 곡식 축낼까봐 응성스님 사육하며
혹(酷) 눈초리 도적 보듯 무서웠고 두려웠다.

굴레도 덜 매인채 잡아매여 꼬여대니
멍에에 씻긴 목이 피멍들려 하노라.

무거운 짐 지을 때는 똥오줌도 저렸으나
태산만 넘어서면 평지 온다 소리 듣고
넘고 넘고 재를 넘어 중령에 이러르니
더 크고 험한 산이 첩첩이 쌓였어라.
아뿔사 어찌 할고 진퇴가 양난이구나.

박식(薄識)에 무능(無能) 겹처 중 축에도 못드는데
은혜 속에 피난코져 반 백년을 살다 보니
사명감 질긴 목숨 죽지 못해 살았도다.

알고도 넘어서고 몰라서도 넘어서고
속아서 그랬는가 속 못챙겨 그랬는가
철나자 할 일 아님을 속속들이 알았어라.

부락이 험할 때는 나중 떠나야 옳다하고
절집이 흉할 때는 앞에 떠나야 옳다 했는데
이 때야 갈뚱 말뚱 걸망인들 지겠는가.

높은 나무 올라가면 바람소리 요란하고
낮은 곳에 있을 때는 하늘길이 답답하여

오르락 내리락에 하늘이 무너졌네.

중 벼슬은 닭 벼슬
닭은 잡아먹기나 하는데
남 주기는 아깝고 나 먹기는 배부르고
어찌하다 직(職) 맡으면 무능을 한탄했다.

4. 병승일지(病僧日誌)

누가 태어나라 했던가.
병들어 누워 있으니 찾아오는 이 별로 없고
벽 틈의 벌레소리 유난히도 요란하다.
외로운 달빛만이 창틈으로 비치는구나.

병중에 오래 누워 문 밖 출입 못했더니
장미 피지 않고 날 낫기만 기다렸네.
별안간 문 열리는 바람에 활짝 피어났으니

긴긴밤 등잔 밑에 몸을 앓고 누웠을 때

애들의 꽃꽂이 병 외로이 바라보니
아픈 몸 앓던 숨결 차차로 나이졌다.

옥매화 너는 어찌 봄비에도 울고 있니
스님 병 누우신지 제 돌이 다 되는데
만물을 소생시킨 봄 서러워 우노메라.

아침에 창을 여니 밝은 빛이 더욱 곱고
저녁에 밖을 보니 흰 달빛이 영롱하다.
어쩌다 이 얼굴은 거울보기 싫어질까!

괴로운 세상에 나지나 말을 것을
태어났다면 어차피 아프지나 말 것을
암만해도 이 고통은 업보인가 하노라.

주인공을 불러본들 희망이 있겠는가.
있거든 살지언정 없거든 죽어라
차라리 청산 무덤 살아서 무엇하랴!

앓든 끝 늙은 몸을 전자기계 앞 세우니

송송 뚫린 구멍에선 벌레들이 득실득실
반 백년 중의 몰골 이것이 무엇인가!
외루운 중 추한 몸이 오랫동안 앓다보니
한 핏줄 골육들이 서로 물고 뜯는구나.
제몸에 돋는 살 한점도 남김없이

그래도 이따금씩 냄새나는 이 몸둥이
천진한 동자들이 씻겨주고 닦아주고
불문의 진정 자비 여기에서 보는구나.

불경에 길들인 밤 산 속의 옥등이라
친한 척 판질한 말 밤에 듣는 뇌성일세
내가 가서 그제서야 부처 말씀 알았다.

큰 걱정 작은 근심 이내 몸이 늙었으니
내 평생 왔다감에 남겨 놓은 것 무엇인가.
빛 낡은 가사 장삼에 눈물만 아롱진다.

안한다 안먹는다 열 번 백번 뿌리치다가
이 몸에 해 되는줄 알면서도 행여 하여

석양에 약 구한 맘 부끄럽기 그지없다.

삭도(削刀)물 떨어질 때 세속마음 떨어졌고
머리카락 내려질적 은애친소 떨어져
어쩌다가 주름진 뺨에 눈물자국 웬말인가.

내 턱에 당찮은 일 주지는 무엇이며
자식대신 상좌라고 이름을 붙였으나
이름 없고 돈 없으니 그 또한 허망한 짓

푸른산 시냇가에 소먹이는 사람들아
남 따라 구경가서 소 먹이러 오지마소
윗산에 가시나무 아랫산에 향초로세.

도성당 마루 끝에 우두커니 앉았으니
스님도 근심있어 한심하고 계십니까
황혼에 지팡이 짚고 그를 서러하노라.

큰 나무 무성하면 소가 치어 해로웁고
향초가 성타보면 소가 먹어 없앤다네.

아서라 분에 넘치는 내게 무슨 상좌인가.

학식이 박약하니 훈육성이 부족하고
돈 재물 부족하니 누구보고 원망할고
권력이 몰락하면 진취성이 전혀 없다.

수절이 무능인가 범행(梵行)이 없는 탓인가
돈 명예에 무심했고 사랑 또한 구차하니
속인은 관심없고 성자는 무심터라.

간병도 길게 하면 진저리가 난다는데
처음도 끝이 없는 한 길(一道) 가는 저 사람아
나는 너를 보고서 초발심을 생각했다.

파초 잎에 이슬 내려 가을 달 빛 가벼웁고
옥잠화 바람일어 하늘 향기 가득한데
어쩌다 늙은 중 몸엔 시주 은혜만 무거운가.

천리 길 멀다 않고 오며가며 베푸신 은혜
값 많은 선심으로 베풀어준 시주은혜

그토록 고마우심 못내 갚아 하노라.

육주(六洲)가 뒤 끓는데 어디메다 몸을 들고
갈바람 차가워도 끓는 시름 모르는가
한창(寒窓)에 냅다 후려쳐 멍든 가슴 울린다.

내 눈에는 봄이 왔나 아지랑이 끼어오고
내 귀엔 여름이 왔나 매미소리 쓱쓱 쌕쌕
내 치아는 가을 낙엽 내 머리는 겨울 백설

내 평생 부처님께 향 피우며 비는 마음
내 몸에 복달라고 매달린바 거의 없어
이 몸 이리 되었어도 시주자나 잘 되었으면…

명예도 부귀도 모두 잊고 돌아보니
뜬세상 번뇌사가 구름처럼 사라진다.
어서 이 몸 벗어 버려 본자리로 가야지

5. 전쟁공포(戰爭恐怖)

난생 후 처음 보고 듣는 전쟁살풍(戰爭殺風)
하루에도 몇 번 죽고 몇 번이나 살았던가.

참새 떨듯 오들 오들 하루 저녁 지나면
무차별 살육으로 끼리끼리 죽어있네.

비우고 떠나자는 사람
지키다가 죽자는 사람
밤낮없이 논하다가
매만 실컷 맞았다오.

낮에는 아군에게 밤에는 적군에게
금품은 그만두고 식량까지 동이 났다
보물을 요구하여

총구 들이대고 43일 참고 나니
계엄령이 내려지네.
소개지에 내려가서 야간노숙 하고 나니

다리는 오들 오들 숨쉬기도 쉽지 않네.

여순 반란 진압 때는 생지사지 헤매다가
그래도 지켜야지 국보물(國寶物) 생각 속에
천정 뚫고 들어가서 곳곳에 숨긴 것이
쥐똥이 웬 말인가.

총소리 불탄 연기 앞뒤로 가득한데
얽어매고 걸머지고 산문 밖을 나서보니
젊은 중 늙은 스님 앞 다투어 가더라.

빈 법당 옛 부처님 산 속에 모셔두고
부모님 떠나가듯 안타까움 맘 견줄 수 없어

깜박등불 불나비처럼 드나들던 피난생활
법당 앞 썩은 시체 가마니에 싸서 오매
속없는 여자들은 맷돼지로 착각하네.

칠월달 무더운 밤에 욱박질에 못이겨서
썩은 간장 담아주니 날 죽이려 이것 준다.

노발대발 발로 차니 추강스님 말려줬다.

두고 온 살림살이 빼내려고 드나들다
적군에 잡힌 머슴 총탄 맞아 쓰러지니
그 사람 덕분에 이 내 목숨 건지었다.

신묘년 4월 7일 큰 화재가 일어나니
총소리 불탄소리 구분할 수 없었다오.

국사전에 불이 붙어 밤새도록 끄고 나니
눈썹 코썹 다 타고서 민둥산이 되었어라.

9월달 가을밤에 반란군을 시험코져
찰밤 세 뭉치로 초조하게 기다리다
안심하고 들어오니 6년간 피난살이
전율 속에 떨었더라.

한 가닥 절 지킬 몸 충성스럽기 그지없으나
중 모습도 꼴 아니고 염불조차 무뎠더라.

말 없는 나무들은 풀 죽은 듯 고개 숙이고
조잘대는 산새들은 반가이 맞아준다.

기구한 걸망이여 떨어진 옷가지여,
120명 문도들은 다 어디로 가고 4·7인가
여섯 해 피난살이 골병들어 속 쓰린데
3일천 물 한 바가지로 묵은 채를 뚫었다.

6. 문화재 수호

춘초(春草)는 연년록(年年綠)이나
왕규(王圭)는 귀불귀(歸不歸)라

사람은 죽어 다시 윤회를 거듭해도
문화재는 한번 없어지면 다시 찾을 길 없다.

그러므로 우리는 국보문화재를
우리의 생명처럼 보호하고 사랑했다.

이리 옮기고 저리 숨기고
내 손에 매달려서 땅속으로 들어갔다
시렁으로 올라갔다 반자 속에 넣었다가
굴뚝새가 다 되었다.

피난 짐 풀어놓고 뒤적뒤적 들쳐보니
국사님 가사장삼 다시 볼 수 없으메라
어찌 할꼬 이 세상을 보조국사 가사장삼
한 나절을 울고 나니 세상이 샛노랗졌네.

서른 해 긴긴 인연 말없이 맺은 인연
도적 손 전화 속에 동생상계(同生相繼) 하였는데
한 곳에 모아놓고 낱낱이 점검하니
목록책이 들어난다.

몰라서 몰라주고 알아서도 몰라준다.
눈 감고 누워 자도 날 새어 일어나도
잊을 길 없어 일단정신(一端精神) 쏟우었네.

보조국사 목조삼불(木彫三佛)

고려고종 제서문전(制書文典)
경질(經帙) · 경패(經牌) · 금동요령(金銅搖鈴)
의천속장(義天續藏) · 서장옥불(西藏玉佛)
청자사리함 · 금강저 · 고봉원불(高峰願佛)
청기와 · 법라(法螺) · 옥등잔 · 금사향로
진불(塵拂) · 요령 · 폐엽 · 파사문(八思文)
인도신 · 사인(寺印) · 노비급문(奴婢給文) ·
자운전공첩(慈雲戰功帖) · 조계산 중창기 ·
능견난사(能見難思) · 승보전(僧寶殿)

듣도 보지 못한 것을
들고 놓고 싸다 보니

정들어서 못 놓겠네.
박물관을 지어놓고 펼쳐서 전시하니
시방세계 한 눈 속에 천년이 분명하네.

7. 중창불사(重創佛事)

비나이다 비나이다 부처님전 비나이다.
이 일이 성취되어 가람복구 잇게 되면
이 몸 바쳐 살아가며 불보살을 섬기리다.

쌀때 쌀 한되 보리때 보리 한되
구차하게 모아놓으니
천일기도·성금기도 고리채로 바람맞고
건축자재 소용목은 관목(棺木)으로 도적맞고
불전에 놓인 돈은 가짜기자 다 가져가고
호사에 다마(多魔)라고 먹잔 놈엔 못 당하리―.

눈물로 재목 끌고 기와 구워 상량하니
초토된 폐허 위에 금난벽(金蘭碧)이 웬 말인가.
대웅전 큰 상처 힘을 모아 아물었고
설법전 큰 상흔 땀 흘려서 다 메웠네.
세월이 만건곤(滿乾坤)하니 내 나이 고희로다.

산에서 살다 보니 산사람 다 되었구나.

푸른 산 맑은 물에 흰 구름 벗 삼으니
불전에 기도하는 이내마음 볼품도 없어라.

요즈음 내 생애 그대들 웃지 말게
누더기 옷 등 따습고 바루 밥에 배부른데
뒷산 앞 시내 이 보다 더 할건가.

눈에 뛴 세상 공명 내 분수에 당치않고
귓전에 들린 시비 탓 할 것은 못되나니
내 입에 드나든 부처 내가 모셔 시봉하리.

곧은 개울 곧게 흐르고 굽은 개울 굽어 흐르니
큰 산은 크게 보고 작은 산은 작게 본다.
이것이 자연인가 내 마음 용도로다.

어젯밤 폈든 꽃이 오늘 아침 떨어지니
폈다가 지는 것은 정해놓은 법일런가.
인간의 흥망성쇠 너를 두고 말하는구나.

산 얼굴은 검은데 어이하여 덮은 구름은 희는가.

똑 같은 세상보고 울고 웃는 사람들아
겉 산만 보지 말고 속 구름도 살펴보라.

간밤의 가을비가 온 산천을 물들이고
오늘 아침 된 서리는 머리까지 희게 하네.

산 물이 맑다더니 들 물이 뛰어들어
치고 박고 뛰고 날아 산중 절이 소란하다.

먼저 사람 일어서고 나중 사람 뒤 앉아서
차례대로 앉으면 싸울 일이 없건마는
공연히 시샘하여 온 몸이 상처로다.

지공·나옹·무학 삼대화상과
함허·보우·인암대선사

2011년 8월 15일 인쇄
2002년 8월 20일 발행

발행처 · 불교통신교육원
출판처 · 이화문화출판사

발행처 477-810
경기도 가평군 외서면 대성리 산 185번지
전화 : (031) 584-0657, 4170
등록번호. 76. 10. 20. 경기 제 6 호

총판 / 130-011 서울 동대문구 청량리1동 54-6
전화 : (02) 962-1666
팩스겸용 : (02) 969-4981

값 5,000원